Anna Cron
Drachentöter

Anna Cron

Drachentöter

Erzählung

ATHENA-Verlag

Bibliografische Information der Deutschen Nationalbibliothek

Die Deutsche Nationalbibliothek verzeichnet
diese Publikation in der Deutschen Nationalbibliografie;
detaillierte bibliografische Daten sind im Internet über
<http://dnb.d-nb.de> abrufbar.

1. Auflage 2024

Mellinghofer Straße 126, 46047 Oberhausen
infoathena-verlag.de
www.athena-verlag.de

Umschlagabbildung: Michael Wyss, »Le sacrifice« (2020)
www.wyss-art.ch

Druck und Bindung: Majuskel Medienproduktion GmbH, Wetzlar
Printed in Germany
ISBN 978-3-7455-1192-5

Inhalt

Robert

1

Wenn ich an das Unglück denke, das allein durch meine Geburt über die Menschen die ich liebe hereingebrochen ist, wünsche ich mir, niemals geboren zu sein. Allein dieser Wunsch zeigt, dass bereits von Anfang an alles zu spät war. Die Dinge gingen ihren Gang, und niemand hätte ihn je aufhalten können. Ich heiße Robert wie der Fliegende Robert aus dem Struwwelpeter, den mein Großvater mir immer wieder vorlesen musste als ich ein kleiner Junge war. Obwohl ich die Geschichten nicht mochte, und die in dem Buch beschriebenen Kinder mir Leid taten, faszinierte es mich, und ich wurde nicht müde, zu lauschen. Nach meiner Auffassung waren die Kinder allesamt ungerecht behandelt worden. Man stelle sich vor, dass es eine Instanz geben könne, die einem Menschen verbietet, am eigenen Daumen zu lutschen! Eine Mutter, die ihren Kleinen vor dem Schneider warnt, weg geht, die Türe nicht richtig verschließt und damit das Kind einer ihr bekannten Gefahr aussetzt, empfand ich als grausam, und der armen Pauline hätte man besser den Umgang mit Feuer erklärt, bevor man sie allein mit einem Feuerzeug und zwei Katzen gelassen hätte. Auch hatte es mich immer gewundert, dass den beiden Tieren nichts passiert war. Zumindest eine kleine Rauchvergiftung hätten doch auch sie erleiden müssen. An all dem, so dachte ich bereits als Kind, trugen einzig die Eltern Schuld, die es versäumt hatten, ihre Nachkommenschaft richtig zu informieren. Die Geschichte des kleinen Jungen allerdings, der trotz elterlichen Verbots hinaus ging in Sturm und Regen, dessen Regenschirm vom Wind erfasst und mitsamt dem kleinen Jungen davon getragen wurde, gefiel mir und regte meine Fantasie an. Was für ein mutiger Kerl, der sich über sämtliche Warnungen und Reglementierungen hinweg setzt, um seine eigenen Erfahrungen zu machen! So, ganz genau so, wollte ich sein. Ich spann die Geschichte weiter. Ich stellte mir die Welt vor, wo der Wind ein Einsehen hätte um ihn wieder abzusetzen. Vielleicht wäre es ja eine sanfte Welt mit freundlichen Menschen, in der sogar der Wind nur mild durch die Wiesen und Wälder strich. Vielleicht, dachte ich, hätte der Sturm ihn nur durch die Welt getragen, um dem Kind Sehenswürdigkeiten und Bräuche fremder Länder und Kulturen zu zeigen, und ihn dann wieder wohlbehalten zu seinen Eltern und Freunden zurückzutragen. Im Traum war ich der Robert, dem all diese Dinge geschahen, und doch war ich beim Erwachen froh und glücklich wieder zuhause in meinem wirklichen Leben zu sein. Um nichts in der Welt wollte ich jemals meine wunderbare Kinderwelt mit der Parallelwelt meiner Träume vertauschen. Ich genoss das Fliegen, wenn ich mit meinem Schirm unterwegs war, doch oft hatte ich Angst vor der Landung. Ich wusste nie, ob sie funktionierte. Meistens war ich irgendwann einfach wieder zuhause, mitunter wachte ich auf, doch kam es auch vor, dass ich abstürzte, und davor graute mir. Natürlich endete auch der Absturz mit dem Erwachen, sofern der Traum nicht von einem anderen Traum abgelöst wurde, doch ich fürchtete das Gefühl des Fallens. Dieses merkwürdige, schwer zu beschreibende Gefühl, das sich in atemlosen Wellen stockend durch meinen Körper schob, war für mich gleichbedeutend mit Todesangst, die ich damals noch nicht kannte. Dennoch oder vielleicht gerade deshalb begann ich, es später immer wieder bewusst heraufzubeschwören, wohl um die Angst zu besiegen oder mich ihr zu stellen, wie mein Vater es formuliert hätte. Noch später genoss ich diesen inneren Taumel des Fallens, der von Freud als sexueller Wunschtraum gedeutet wurde. Als Kind besaß der Traum für mich eine derartige Realität, dass ich fest davon überzeugt war, tatsächlich zu können, was meine Fantasie mir im Schlaf vorgaukelte, und oft genug hatte ich mir später nichts sehnlicher gewünscht, als mich vom Wind weit weg tragen zu lassen. Ich schrieb in das leere Buch, das meine Mutter mir zum achten Geburtstag geschenkt hatte, »Ich bin davon getragen«, und genau so empfand ich mich, als ein Davongetragener. Auch wenn ich stets in mir diese Sehnsucht hatte, nach Hause zu kommen, wo ich mich warm und geliebt fühlen konnte, wollte ich fliegen. Ich wollte meinen Schirm aufspannen und von einem mächtigen Sturm davon getragen werden. Wohin, das war völlig egal. Die Hauptsache war, so weit weg wie möglich.

2

Wer bin ich, woher komme ich? Schon als kleines Kind waren dies die Fragen, die mich mehr als alles andere beschäftigten. Später kam die Frage nach dem Sinn des Seins hinzu, der die meisten Menschen vornehmlich in der Pubertät beschäftigt. Für mich hatten die Fragen, deren Beantwortung mir unmöglich war, eine existenzielle Notwendigkeit. Es waren die Fragen selbst, die mich von innen heraus zwangen und mir meine eigene Unfähigkeit bewusst machten, indem sie sich nicht beantworten ließen; ich musste sie stellen. Von Fragen gejagt wie von Erinnyen, so fühlte ich mich. Es hatte mir nie gereicht, meinen Namen zu kennen, den ich als willkürlich verpasst empfand, auch wenn gerade er es war, der mich meinen Schirm aufspannen hieß, um mich in eine andere Welt zu tragen. Ich wollte weg, um hier, bei mir, dem Ausgangspunkt meiner Reise, die nichts anderes als eine Suche nach mir selbst war, anzukommen. Ich wollte hinaus, um hinein zu gelangen. Doch je näher ich mir kam, desto mehr entfernte ich mich von dem, den ich für mich gehalten hatte. Mit wachsendem Abstand erkannte ich Umstände, die mir nur die Distanz gewähren konnte, und als ich schließlich die Wahrheit über mich erfuhr, war ich vorbereitet. Dennoch traf sie mich wie ein Hammerschlag, der das winzige Fünkchen Hoffnung, ich hätte mich in meiner Ahnung getäuscht, mit einem Mal zunichte machte. Nach außen hin sah es so aus, als wären wir eine völlig normale Familie. Wir waren glücklich und zufrieden – sehr viel mehr als die meisten

Familien, die ich im Laufe meines bisherigen Lebens kennen gelernt hatte. Mein Vater war leitender Arzt der Chirurgie in der Berliner Charité, als er meine Mutter kennen lernte und sich in sie verliebte. Sie war die Stationsschwester der Kinder- und Säuglingsabteilung. Nach dem Fall der Mauer bezogen sie die Villa an der Havel, die vor dem Krieg den Eltern meiner Mutter gehört hatte. Sie machten sich selbstständig und führten eine eigene Praxis im Erdgeschoss unseres Hauses. Meine Großmutter, die Mutter meiner Mutter lebte mit uns im Haus und versorgte mich, während meine Eltern arbeiteten. Es gab stets eine Haushaltshilfe, die im Rhythmus von ungefähr vier Jahren wechselte, sei es durch Umzug, Heirat und dergleichen mehr. Nur ein einziges Mal, auf das ich später noch zurück kommen werde, trennte man sich im Streit. Meine Kindheit war schön, und daraus resultierend war ich im Großen und Ganzen das, was man ein zufriedenes und ausgeglichenes Kind nennt. Allerdings neigte ich mitunter zu spontanen Tobsuchtsanfällen namentlich dann, wenn ich meinen Kopf nicht durchsetzen konnte oder etwas nicht so lief, wie ich es mir vorgestellt hatte, eine Eigenschaft, die mein Vater und mein Großvater als »Durchsetzungsvermögen« deklarierten und das mit zunehmendem Alter nachließ. Die Wahrheit ist, dass ich mit zunehmendem Alter Methoden entwickelte, die es mir gestatteten, meine Wünsche auf sehr viel effektivere Weise zu befriedigen. Mehr und mehr verstand ich es, die Menschen, mit denen ich zu tun hatte, insbesondere meine Eltern und Großeltern mit diplomatischem Geschick zu manipulieren und ihnen meine Wünsche als die ihren überzustülpen. Als ich vier war, zogen wir um, und ich kam wie alle anderen Kinder auch in den Kindergarten. Mit sechs wurde ich eingeschult. Meine Mutter nannte mich »Robbi« oder – wenn meine Freunde nicht in der Nähe waren – »Robbelchen« und mein Vater »Räuber«. An meinen Geburtstagen wurden alle Kinder der Nachbarschaft eingeladen, die mit mir den Kindergarten und später die Schule besuchten. Die Leute stritten sich oft, wem ich wohl ähnlicher sähe. Die einen gaben meiner Mutter den Vorzug, die anderen meinem Vater. Tatsache ist, dass ich beiden glich. Zeitweise wechselnd ein wenig mehr ihr und ein wenig mehr ihm; – nichts Außergewöhnliches. Je älter ich wurde, desto ähnlicher wurde ich – auch charakterlich – meinem Vater, sodass ich nie einen Anlass sah, ihn als meinen Vater in Zweifel zu ziehen. Schließlich hatten wir alle den gleichen Namen und niemand wäre jemals auf die Idee gekommen, dass er nicht mein Vater und sie nicht meine Mutter sein könnte. Ich war fünfzehn, als sie mich aufklärten. Ich erinnere mich genau, wie ich da stand und mit einem Mal diese merkwürdige Leere in mir spürte, so, als gäbe es mich nicht oder als wäre ich nicht ich. Letzteres traf in gewisser Weise auch zu. Ich befand mich unsichtbar außerhalb meiner selbst und beobachtete mich von dieser Position aus mit einer Genauigkeit, die sich für immer meinem Gedächtnis einprägte und es mir jederzeit gestattete, die Situation abzurufen. In diese Leere hinein traf mich ein Schlag, der vom Magen aus ging und mir einen heißen Schmerz durch den Körper jagte. Es war, als hätte mich jemand in den Solarplexus geboxt. Dann spürte ich, wie mir der Boden unter den Füßen weg gezogen wurde. Ich befand mich im freien Fall. Ein Gefühl, das dem Fallen im Traum, das zumeist mit dem Erwachen endete, gleich kam. Ich ließ es mir nicht anmerken. Äußerlich wirkte ich ruhig und gelassen, was meine Mutter zu einem Seufzer der Erleichterung veranlasste und auf mich zutreten ließ, um mich an sich zu drücken. Ich fühlte mich in ihrem Arm wie eingefrostet in einen Basaltblock, hart und kalt, eine Empfindung, die mir stets gewärtig ist, da ich auch sie in diesem Augenblick mit äußerster Genauigkeit registrierte. Überhaupt hatte ich selten zuvor eine größere gedankliche Präzision besessen, und ein winziger Auslöser, ein Geruch, ein kühler Luftzug, ein einziger Akkord der CD, die ich danach abspielte, ein Knarren der Türe, das Krächzen eines Raben, das weit entfernte Hupen eines Autos, das ich auch nur ansatzweise damit in Verbindung bringe, sind in der Lage, mich im Bruchteil einer Sekunde emotional in die eisige Starre dieses Moments zu stürzen. Ich sagte nichts. Zum einen, weil ich dazu nicht in der Lage war, zum anderen, weil mir nichts einfiel, was ich darauf hätte sagen können. Ich ging zum CD-Player und legte irgendeine Scheibe ein, um unser Schweigen nicht ertragen zu müssen und das Rauschen in meinem Kopf zu übertönen. Es erklang der Soundtrack von Pedro Almódovars Film »Hable con ella«. Der Sänger sang »Cucuruccucú, Paloma …« dessen hingebungsvolle Melancholie mich traf und vollends aus der Fassung brachte. Ich ließ es mir nicht anmerken und lauschte dem Lied, das mir wie ein scharfer Schnitt durch den Körper fuhr, als wollte es mich spalten und den Aufruhr in mir ins Unerträgliche steigerte. Natürlich wollte ich nun mehr wissen, was mir allerdings vorerst verschlossen bleiben sollte, da auch die Kenntnis meiner Eltern in der Sache beschränkt war. Niemand ist in der Lage, in einen Menschen hineinzusehen, um seine geheimsten Wünsche und Nöte zu erspähen; doch das wenige, was sich mir erschließen sollte, machte mich traurig und neugierig zugleich.

3

Die Tatsache, dass niemand die ganze Wahrheit wusste, war es, was nach Bekunden meiner Eltern sie dazu veranlasst hatte, mich lange Zeit nicht aufzuklären. Ich musste ihnen wohl glauben, dass ihre Liebe zu mir echt war, denn sie taten allezeit alles Erdenkliche, um es zu beweisen, und es entsprach durchaus den Gesetzen der Logik, mir die Wahrheit vorzuenthalten, da sie ihnen selbst verschlossen blieb. Als Kind hätte es mich sehr viel mehr verletzt, vor einer Türe abgelegt worden zu sein, und sie wussten es. Sie wollten mich nicht verletzen und sagten nichts. Wie sehr sie mich gerade damit verletzten, war ihnen so wenig nachvollziehbar, wie beabsichtigt. Erst sehr viel später begriff ich den Gewissenskonflikt, dem sie ausgesetzt waren und konnte ihr Verhalten verstehen. Wir alle waren Opfer staatlicher Willkür, und wir alle sollten daran zugrunde gehen, nachdem dieser Staat schon lange nicht mehr existierte.

Wenn ich als Kind auf ihrem Schoß saß, erzählte meine Mutter mir oft, dass ich als Frühgeburt noch eine ganze Weile in den Bauch der Mama gehört hätte. Dabei lächelte sie, und ich küsste sie. Ich war verliebt in dieses Lächeln, das niemandem galt als mir. Ich war verliebt in sie und ihre Liebe zu mir. Ich war verliebt in das Objekt dieser Liebe. Ich war in mich verliebt. Ich stellte mir vor, wie ich in ihrem dunklen warmen Bauch lebte und konnte nicht begreifen, dass es mich so früh hinausgetrieben hatte, denn einen himmlischeren Ort als in ihrem Bauch, der größtmöglichen Nähe zu ihr, konnte es in meiner Vorstellung nicht geben, und ich kuschelte mich noch enger in ihren Schoß. Hinterher war mir klar, dass sie nie gesagt hatte: in meinen Bauch. Mein Großvater hatte mir die Geschichte von Jona im Bauch des Walfischs vorgelesen, und ich stellte mir mein Leben in ihrem Bauch so ähnlich vor.

»Wie Jona im Walfisch«, sagte ich.

Ich sah mich auf Jonas Sofa sitzen und wärmte mich insgeheim am Feuer in seinem Kamin. Ihr Gesicht konnte ich nicht sehen, aber ich vermutete, dass sie lächelte. Auch sie kannte die Illustration aus dem Buch. Sie sagte nichts, und es war ihr sicherlich hoch anzurechnen, dass ihr diese Lüge nicht über die Lippen kam. Die Trauer jedoch, die sich im Nachhinein meiner bemächtigte, war entsetzlich. Die Metapher vom Leben im Bauch des Wals bekam nun eine andere Dimension: Sie hatte mich verschlungen, aber nicht wieder hergegeben. Ich fühlte mich als ihr Gefangener, auch wenn mir nicht wohl bei dem Gedanken war und ich wusste, wie wenig gerecht ich ihr damit wurde. Dabei war bis dahin alles so schön gewesen wie nur irgend möglich. Wie bereits erwähnt, hatte sich mein Vater selbstständig gemacht, und meine Mutter arbeitete mit ihm in der Praxis. Da diese sich im Erdgeschoss unseres Hauses befand, waren sie immer gegenwärtig. Das Haus war groß und stand in einem Park mit Wegen, alten Bäumen und Wiesenflächen, durch deren unteren Teil ein kleiner Bach floss, in dem Forellen laichten. Wenn ich es wollte, durften mich alle meine Freunde gleichzeitig besuchen und, sofern deren Eltern einverstanden waren und sie Lust dazu verspürten, bei mir übernachten. Manchmal, wenn es im Sommer heiß war, schlugen wir ein großes Zelt in der Nähe des Baches auf, in dem wir Kinder alleine die Nacht verbringen durften. Zu unserer Sicherheit schlief unser Hund direkt vor dem Eingang des Zeltes, im Nu hellwach, sobald er auch nur das geringste ungewöhnliche Geräusch wahrnahm und bereit, uns jederzeit zu beschützen. Der Bach war nicht tief genug, als dass ein Kind versehentlich darin hätte ertrinken können. Das gesamte Grundstück war von einem hohen, dichten Heckenzaun umgeben, und nur zur Havel hin, in die der Bach floss, hatten meine Eltern eine Mauer gebaut, einerseits um das Grundstück vor eventuellem Hochwasser zu schützen, andererseits damit es keinem der Kinder einfallen konnte, sich unbeaufsichtigt dem Ufer zu nähern. Meine Eltern schlugen mich nie. Wenn ich böse war, sah mich meine Mutter nur auf eine so seltsame Weise an, dass ich zumeist schließlich lachen musste. Es war eine Mischung aus Erstaunen und Trauer; niemals wurde sie richtig wütend, auch wenn sie sich ärgerte. Meine Oma sagte, ich wäre ein »elender Hitzkopf« – so ihre Worte – gewesen. Oft hätte ich, nur um meinen Willen durchzusetzen, so lange gebrüllt oder die Luft angehalten, bis ich blau im Gesicht wurde. Ich hätte immer alles bekommen, weil meine Mutter Angst hatte, dass mir etwas zustoßen könnte. Jetzt kann ich es verstehen. Natürlich wusste meine Großmutter, dass ich adoptiert war. Schließlich hätte ihr die Schwangerschaft ihrer einzigen Tochter nicht verborgen bleiben können. Aber die Eltern meines Vaters wussten es nicht. Sie dachten und waren davon überzeugt, dass ihr Sohn mein richtiger Vater und ich vorehelich geboren wäre. Meine Eltern beließen sie in dem Glauben. Mein Großvater hatte an der gleichen Stelle am Ohr eine knorpelige Verdickung wie mein Vater und ich, was ihn zu der befriedigten Aussage veranlasste:

»Du bist doch ein waschechter Rinke, Kleiner, mein eigen Fleisch und Blut!«

Für ihn war es ein genetisches Merkmal, das tatsächlich auf wundersame Weise die Generationen miteinander verband. Oft drückte er mein Ohr auf der Suche nach dem Knorpel ab, als müsste er sich stets aufs Neue davon überzeugen, dass ich es bin. Vielleicht wollte er sich immer wieder bestätigen, dass ich auch wirklich sein Enkel bin. Später dachte ich mir, dass er insgeheim möglicherweise einen Zweifel daran gehegt hatte, den er nach erfolgreicher Suche ad acta legen konnte.

»Mein Enkel hat meinen Knubbel, also ist er mein Enkel!«, sagte er oft, als wäre ihm dies Beweis genug. »Er ist ein Teil von mir!«

Später, als ich das Gegenteil erfuhr, war er bereits tot, was ich in gewisser Weise bedauerlich fand. Ich hätte nur allzu gerne sein Gesicht gesehen, wenn er es erfahren hätte. Auch hätte ich gerne gewusst, ob er mich dann immer noch geliebt hätte, und ob er dann im gleichen Maß auf mich stolz gewesen wäre wie zuvor. Andererseits tat er mir allein bei der Vorstellung seiner Enttäuschung bereits Leid. Auch schlich sich der Gedanke ein, dass er möglicher Weise doch mein Großvater wäre. Vielleicht hatte meine richtige Mutter ein Verhältnis mit meinem Vater gehabt, der sie in der Schwangerschaft, von der er nichts wusste, verlassen hatte. Meine richtige Mutter hatte natürlich gewusst, dass er in die Säuglingsschwester verliebt war und hatte auch von ihrer Frühschicht gewusst. Da traf es sich schließlich günstig, dass sie mich nicht weit vom Krankenhaus entfernt und kurz vor der Frühschicht geboren hatte. Die Schwester hatte sich vielleicht nur deshalb in mich verliebt, weil ich dem Mann, den sie liebte, so ähnlich sah; denn tatsächlich sehe und sah ich ihm ähnlich. Wir haben sogar dieselbe Blutgruppe, er und ich. Wir haben beide Null negativ, Blut ohne Eigenschaften, und sie hat AB positiv. Vielleicht war meine richtige Mutter auf dem Weg ins Krankenhaus gewesen, um mich zu entbinden, und als es schon auf dem Weg dorthin passiert war, hatte sie sich rasch hinter einen Busch oder in einen Hauseingang verkrochen. Ja, so hätte es gewesen sein können, spekulierte ich. Als sie dann mit mir im Arm die Charité erreicht hatte, war ihr dies wohl als Fingerzeig des Schicksals erschienen, dass ausgerechnet die Geliebte des Vaters ihres Kindes Frühdienst hatte, was sie dazu veranlasst haben mochte, mich vor die Türe zu legen und sich rasch wieder zu entfernen, um nicht gesehen zu werden. Sie könnte eine Weile gewartet, mich abgelegt, und rasch gehandelt haben als sie die Frau hatte kommen sehen. Ich war warm und für eine Frühgeburt in gutem Allgemeinzustand, wie es nüchtern in der Akte vermerkt ist. Zwischen den warmen Decken, in die ich eingewickelt war, fand man einen Zettel, auf dem stand:

»Gott schütze dich, mein kleiner Robert, verzeih mir!«

Als ich die Geschichte erfuhr, stellte ich mir vor, dass meine richtige Mutter mich liebte und weinte, als sie sich von mir trennte. Ich sehe sie mein Gesicht küssen und: »Machs gut, mein kleines geliebtes Baby, viel Glück!«, schluchzen. Später träumte ich davon. Dann erschien mir meine richtige Mutter im Traum und sprach mit mir; über ihren Wunsch mich glücklich und wohlbehütet zu sehen, was bei ihr nicht möglich gewesen wäre. Sie hätte gewusst, dass mein Vater sie niemals geheiratet hätte, und wäre vor Kummer fast gestorben. Da dieser Traum immer wiederkehrte, wurde er allmählich zur fixen Idee. Ich steigerte mich derartig in ihn hinein, dass er in meiner Vorstellung Realität wurde, und ich schließlich davon überzeugt war, es könnte nur so und nicht anders gewesen sein. Eines Tages warf ich es im Streit meinem Vater an den Kopf. Sein anschließendes Schweigen wertete ich als Beweis für die Richtigkeit meiner Vermutung.

»Siehst du, jetzt bist du sprachlos!«, schrie ich. »Jetzt fällt dir nichts mehr ein. Du hast wohl geglaubt, dass es nie heraus kommt. Aber da hast du dich getäuscht. Meine richtige Mutter hat es mir nämlich verraten. Ich habe ja auch den Rinkeknubbel von Opa und dir!«

Ich sehe ihn heute noch vor mir, als ich ihn mit meiner absurden Wahrheit konfrontierte. Er starrte mich unentwegt an und setzte sich, ohne den Blick von mir zu wenden. Schließlich sagte er:

»Wäre es doch so!«

Danach saß er nur da und starrte sehr lange vor sich hin. Ich hatte das Gefühl, als sähe er nirgends hin. Sein Blick schien in die Weite gerichtet, aber so, als endete er an keinem Objekt. Ein Blick, der sich in nichts brach, und der doch gebrochen wirkte. Leer. Ohne Ziel. Ich stand vor ihm und war so ratlos wie er. Plötzlich war mein Vater kein Vater mehr. Er war allein. Ich spürte in mir den Drang, den einen Schritt auf ihn zu zu machen. Meine Arme brannten fast, so sehr wollten sie ihn umarmen. Ich überwand das Bedürfnis, das lediglich ein kurzes Aufwallen war und sich schnell wieder zugunsten einer heillosen Wut verflüchtigte. Nun hätte ich ihn sogar schlagen können. Ich blieb vor ihm stehen und beobachtete ihn nüchtern. Doch schämte ich mich. Nicht für mich, sondern für ihn. Er war schwach und klein, und so wollte ich ihn nicht sehen. Niemals.

»Wie kommst du auf so einen Blödsinn? Aber egal, du bist mein Sohn, und ich liebe dich. Daran wird sich nie etwas ändern«, versicherte er.

»Ich träume es. Seit ich es weiß, träume ich von ihr«, sagte ich dann.

Ja, er liebte mich. Er war ein großartiger Mann, das kann man nicht anders sagen. Damals jedoch war unser Verhältnis nicht unproblematisch. Es war die Pubertät, die allen meinen Freunden ganz ähnliche Probleme mit ihren Eltern bescherte, und oft dachte ich mir, dass meine Situation im Grunde unvergleichlich viel besser wäre als die ihre; denn ich konnte mir immer sagen, dass diese zwei »angepassten Spießer« nicht meine richtigen Eltern sind. Ich hatte mithin eine Chance, mich künftig anders zu entwickeln als sie, während meine Freunde für immer unweigerlich an ihre Erzeuger gebunden wären. Das Schrecklichste an der Sache schien mir, dass sie ihre Zukunft genau vor Augen hatten. Sie sahen sich so, wie sie werden würden, was nichts anderes als Hass erzeugen musste, Hass auf die Eltern und auf sich selbst, da man sich in jenen gespiegelt sah, ohne die Möglichkeit, dem zu entrinnen. Fortan, so dachte ich, wäre man nun bestrebt, alles Erdenkliche zu tun, um ein anderer zu werden, was dann gerade der Grund dafür ist, weshalb man ganz genau so wird wie sie. Nun, für mich war es tröstlich, sagen zu können, dass diese beiden Menschen nicht meine wirklichen Eltern sind. Allerdings habe ich das nur insgeheim zu mir selbst gesagt. Der Umstand meiner Adoption blieb ein Geheimnis zwischen meinen Eltern und mir, das ich niemandem erzählte. Sie fragten mich, ob ich das Bedürfnis hätte, offen damit umzugehen, und akzeptierten meinen Wunsch, alles so wie bisher zu belassen. Sie fragten mich, ob sie für mich nachforschen sollten, wer meine richtigen Eltern waren, doch allein der Gedanke daran erschreckte mich, und ich lehnte entschieden ab. Dies war allerdings ein Fehler, der uns erst Jahre später klar wurde.

4

Das Leben ist nicht schön. Es ist böse, grausam, ungerecht. Und die Wahrheit ist immer eine Art Auslegeware. Jeder hat seine eigene und man könnte sich oft fragen, ob man nicht vielleicht in einem völlig anderen Film war als derjenige, der neben einem im Kino gesessen hatte. Aber eine Wahrheit muss es geben, eine Wahrheit, die für alle zutrifft. Eine klitzekleine gemeinsame Wahrheit. Wie zum Beispiel, dass heute hier die Sonne scheint, oder dass es regnet. Das ist nicht viel, aber immerhin eine Basis. Schwierig wird das Ganze erst in der Auswertung: Für den einen ist der Regen erholsam und dadurch schön, während die Sonne, die den Boden austrocknet, eine Plage ist, und für den anderen ist es gerade umgekehrt. Ihm schwemmt der Regen das Land weg, sein Haus wird unter einem Erdrutsch begraben und er wünscht sich nichts sehnlicher als die Sonne herbei. Natürlich wäre alles anders verlaufen, wenn wir von Anfang an über unser Verhältnis zueinander Bescheid gewusst hätten. Doch muss ich meinen Eltern zugute halten, dass auch sie nicht mehr gewusst hatten, und sie schien gar nicht daran interessiert zu sein, ob sie vielleicht Verwandte hatte, und so erwuchs aus dem größtmöglichen Glück größtmögliches Leid, aus der Unschuld wurde schuldhafte Verstrickung bei beständiger Präsenz von Liebe, in mir schwoll das Gefühl, für meine Umwelt eine einzige Enttäuschung zu sein, und am Ende stand der Tod. Ein sinnloser, tragischer nicht zu begreifender Tod, der dennoch infolge der Geschichte als logische Konsequenz zu sehen war. Ich greife der Geschichte vor und will mich rasch disziplinieren um sie von Anfang an zu erzählen.

5

Als ich geboren wurde, war es noch zu früh, um sagen zu können, dass die Sonne schien. Das geschah erst Stunden später. Da lag ich bereits in meinem Wärmebettchen, auf das allerdings die Sonne schien. Meine »Mutter« sagte, das ganze Säuglingszimmer sei mit einem Mal in Licht getaucht gewesen, nur weil ihr kleiner Engel darin gelegen hätte. Ich war immer ihr kleiner Engel, als wäre ich direkt vom Himmel gefallen, und sie hätte mich in ihren Armen aufgefangen. So ähnlich war es wohl auch, wie mir hinterher klar wurde. Ich meine, nicht, dass ich ein Engel war, im Gegenteil, aber für sie war ich wie ein direkt vom Himmel gefallener Engel, und sie musste nur die Arme weit öffnen um mich aufzufangen. In der Tat eine schöne Geschichte, die mich oft aus mehreren Gründen darüber nachdenken, nicht selten auch an ihrer Liebe zu mir zweifeln ließ.

»Wie«, dachte ich, »kann es sein, dass das, was da vom Himmel fiel, augenblicklich ihre Liebe entfachte? Warum, wenn sie sich Kinder wünschte, hatte sie nie eigene in die Welt gesetzt? War sie sich etwa der Liebe zu mir doch nicht ganz so sicher? Fürchtete sie, ihren eigenen Nachkommen mehr Zuneigung entgegen zu bringen als mir? Wie wäre dies möglich gewesen, wenn sie sicher gewesen wäre, mich zu lieben. Misstraute sie selbst diesem Gefühl? Wenn ja, was wäre es dann wert? Und darüber hinaus, welche Funktion dachte sie mir da zu? Der kleine Engel, der ihr den Tag erhellt? Wenn sie es warm und hell hätte haben wollen, dann wäre es genau so ratsam gewesen, Heizung und Licht anzumachen.«

Es kommt eben immer auf den Standpunkt an, den man im Augenblick des Betrachtens innehat. Man hätte auch sagen können, dass gerade all dies Indiz für die Liebe meiner Mutter zu mir war. Eine Liebe auf den ersten Blick. Sie sah mich und war hin. Vielleicht ist das viel mehr wert, da der Blick darauf mir galt und niemandem sonst. Gerade weil sie mich nicht in ihrem Leib getragen hatte, war ihre Liebe eine echte, die einzig mich zum Objekt hatte. Sind es nicht gerade die leiblichen Mütter, die ihr Kind als Teil ihrer selbst empfinden, was ja auch de facto genau so und nicht anders ist? Lieben sie nicht aufgrund dessen lediglich einen Teil ihrer selbst, der sie natürlich nur enttäuschen kann, sofern er sich in eine Richtung entwickelt, die ihren eigenen Vorstellungen zuwider läuft? Mit Franzi, die ich viel zu spät kennenlernte, konnte ich mich darüber nur schwer unterhalten. Sie sagte, ihre Eltern hätten sie geliebt, und das wäre das Einzige was zählte, und wenn ich damit begänne, die Liebe auseinander zu fragen, dann läge sie bald zerrissen vor mir und wäre nie wieder zu flicken. Sie ging sogar so weit, mir vorzuwerfen, dass ich sie um die Liebe zu ihren Eltern betrügen wollte, indem ich sie im Nachhinein in Frage stellte.

»Was willst du von mir, wenn du nicht an Liebe glaubst?«, fragte sie mich, und ich konnte ihr nicht antworten.

Ich fand Franzis Frage naiv und konnte weder, noch wollte ich mich darauf einlassen, wie sie die Dinge sah. Zumindest eine lange Zeit, bis es mir eines Tages sprichwörtlich wie Schuppen von den Augen fiel, und mir klar wurde, wie sehr sie damit Recht hatte. Sie fragte mich:

»Hast du deine Mutter nicht geliebt, als du klein warst? Hast du dich von ihr nicht beschützt und geliebt gefühlt?«

Natürlich musste ich diese Fragen mit »Ja« beantworten. Doch kam mir selbst die Frage in den Sinn, was es denn wäre, was man als wahre Liebe bezeichnete, und wieder stellte ich sie nur in Frage. Ich weiß, dass ich meiner Mutter Unrecht tat. Oft warf ich ihr insgeheim vor, dass sie mich bei ihrer Liebe außen vor ließ. Ich warf ihr vor, dass sie mit keinem Wort mich im Hinblick auf meine Bedürfnisse erwähnte. Für sie war alles schön, weil sie nun einen Sohn hatte, an dem sie sich emotional austoben konnte. Sie war es, die profitierte. Aber was war mit dem Objekt, das ihr da so unversehens in den Schoß gefallen war? Brauchte sie mich als Spiegel, aus dem ihr ihre eigene Empfindungsfähigkeit entgegen blickte? Wäre es so, könnte man so etwas nicht auch als eine Art von Missbrauch deuten? Tat ihr das hilflose Wesen Leid? Wollte sie es retten? War sie nicht an den Gründen für dessen Aussetzung interessiert? Gewiss, sie rettete es, sie nahm es in ihre Obhut und gab ihm mehr, als viele »normale« Kinder bekommen, doch blieb für mich die Frage, warum sie es tat. So dachte ich und badete mich in den Momenten, wenn diese wiederkehrenden Zweifel mich heimsuchten, im Selbstmitleid. Ich empfand mich einzig als Funktionsträger für die Bedürfnisse anderer, namentlich die meiner Eltern. Ich wusste, wie sehr ich ihnen Unrecht tat und fühlte mich schuldig. Sie liebten mich und ich liebte sie. Sie wollten mich nicht verletzen und warteten den Zeitpunkt ab, an dem sie mir die Wahrheit über unser Verwandtschaftsverhältnis schonend beibringen wollten. Jeder Zeitpunkt, so sehe ich es heute, wäre der falsche und der richtige gewesen. Sie waren davon überzeugt, es richtig zu machen, ohne mich allzu gravierend zu verletzen und taten das Falsche. Wie auch immer, ich vergaß die Geschichte manchmal sogar, und nach einer kurzen Zeit, die ich als schwer empfand, da ich mich unsicher fühlte in meinem Dasein, verlief mein Leben äußerlich so gut und rund wie zuvor. Zumindest war die Beziehung zu meinen Eltern nicht konfliktreicher als die meiner Freunde, die gemeinsam mit mir erwachsen wurden. Nur manchmal dachte ich daran, adoptiert zu sein und verspürte große Angst davor, dass sie mich ebenfalls eines Tages verlassen könnten, so, wie meine leibliche Mutter es getan hatte.

6

Ich war neunzehn. Zwei Tage zuvor hatten wir meinen Geburtstag und das bestandene Abitur gefeiert. Ich hatte mein erstes Auto, einen brandneuen VW Beetle in meiner Lieblingsfarbe Schwarz geschenkt bekommen und war rundherum glücklich. Meine damalige Freundin Jenny und ich wollten mit der ganzen Clique in eine Discothek nach Charlottenburg. Jenny war schlank, hatte lange dunkle Haare, eine bräunliche Haut und leuchtende schwarze Augen. Alle meine Freunde waren ein bisschen in sie verliebt und beneideten mich darum, dass sie mir den Vorzug gab. Wir hatten dieselbe Schule besucht und gemeinsam das Abitur gemacht. Wir kannten uns seit unserer gemeinsamen Einschulung, zwei Jahre waren wir sogar in derselben Klasse gewesen und seit der Zeit waren wir ein Paar. Demnächst hatten wir vor, gemeinsam Medizin zu studieren. Wir hatten uns in Berlin um einen Studienplatz beworben. Auch ihr Vater war Arzt, ihre Familie lebte in einer Villa am Wannsee, die ihr Eigentum war. Wir passten fantastisch zusammen. Unser Leben schien vorprogrammiert in einer glatten Bahn zu verlaufen; daran gab es keinen Zweifel, und ich konnte mir nichts Wunderbareres vorstellen, als eine Familie mit ihr zu gründen und mit ihr mein Leben zu verbringen.

Im Gegensatz zu ihr tanzte ich selten. Für mich war es nichts als dämliches Herumgehopse, bei dem die wenigsten eine gute Figur machten. In der Disco war rund um die Tanzfläche ein erhöhtes Podest gebaut, das von vielen als Sitzbank benutzt wurde. Dort saß ich, ein Glas in der Hand und sah meiner schönen Freundin beim

Tanzen zu, als jemand direkt neben mir Platz nahm. Ich sah zur Seite und sah, dass es ein Mädchen war. Sie war blass, dünn, ungeschminkt und sah wenig anziehend aus. Ich wollte meinen Kopf wegdrehen, um ihn wieder der Tanzfläche zuzuwenden, da wandte sie mir ihr Gesicht zu.

»Entschuldigung!«, murmelte sie.

»Wofür?«, fragte ich und dachte: »Sächsisch! Grauenvoll!«

In diesem Augenblick wären wir vielleicht noch zu retten gewesen. Doch da fiel es mir ein, sie genauer anzusehen.

»Wofür?«, fragte ich und stotterte dann selbst die Antwort:

»Schon in Ordnung.«

Doch sie versenkte ihren Blick in meinem, und ich stürzte in ihre Augen. Sie betrachtete mich stumm, und ich weiß nicht, wie es kam, noch verstehe ich es bis heute, aber mit einem Mal umfasste meine rechte Hand ihre linke. Wir beide spürten das Gefühl, das uns durch den Körper schoss und hielten es aus. Was geschah da mit mir? Was geschah mit uns? Wir fragten nicht danach und registrierten beide erstaunt unser Betragen. Kein Zweifel, wir gehörten zusammen. Ich begehrte sie, und ihr ging es nicht anders. Als wir aufstanden und Hand in Hand durch die Menschenmenge hindurch den Raum verließen, dachte ich nicht an meine Freunde, die uns erstaunt nachsahen. Ein kurzer Gedankensplitter an Jenny schoss mir durch den Kopf, nur kurz, unwichtig; nichts war mehr wichtig außer ihr, deren Namen ich nicht einmal kannte. Wir stolperten hinaus, schweigend, ich hielt sie an der Hand, die mir blind folgte, wir rannten beinahe zum Auto, rissen die Türen auf und ließen uns fallen.

7

Von da an konnte ich mir ein Leben ohne sie nicht mehr vorstellen, nein, mehr noch, ein Leben ohne sie war für mich nicht mehr möglich. Ich hatte nicht viel Erfahrung mit Mädchen. Jenny war zwar nicht meine erste Freundin, aber die erste, die ich glaubte, wirklich zu lieben. Doch was mir nun mit Franzi passierte, war unvergleichbar mit allem, was ich bis dahin erlebt hatte. Sie war sanft, still, sprach wenig, und wenn sie etwas sagte, dann sehr leise. Sie war scheu und schüchtern und nicht sehr gebildet. Sie schien an nichts wirklich interessiert zu sein. Sie wollte nichts wissen, sie fragte nie. Wenn wir beispielsweise auf einer Wiese standen und den Sonnenuntergang betrachteten, sagte sie nichts, als bliebe sie unberührt von allem, während ich ihr von dem Zauber erzählte, der mich erfasste. Alles, was um sie herum geschah, war ihr, so schien es, egal. Aber sie war da, sie war bei mir. Sie gehörte zu mir, und mehr interessierte mich nicht. Erst durch sie fühlte ich mich vollständig. Es war, als hätte ich mein ganzes bisheriges Leben damit zugebracht, sie zu erwarten, um bei mir selbst zuhause ankommen zu können. Sie war für mich das schönste Mädchen, genauer: der schönste Mensch der Welt. Ihre Haut war durchsichtig, an den Schläfen sah man bläulich die Adern durchschimmern. Sie hatte leicht vorstehende Schneidezähne, die meine Freunde Hasenzähne nannten, große blaue Augen, die oft so wirkten, als sähen sie nicht wirklich. Ihr Blick verlor sich ins Weite. Meine Freunde bezeichneten sie als »hässliches, doofes Provinzmäuschen« und konnten mich nicht begreifen. Es war ihnen peinlich, mit ihr gesehen zu werden. Jenny rümpfte die Nase, doch litt sie. Mir war das egal. Ja, es war mir egal. Es war mir auch egal, wie Franzi gekleidet war, ob es der Mode entsprach oder nicht. Ich liebte sie, und sie liebte mich. Wir gehörten zusammen, das war unverrückbar. So sehr waren wir eine Einheit, dass ein jeder, der uns nicht kannte und zum ersten Mal sah, uns für Geschwister hielt. Und tatsächlich glichen wir uns auf eine seltsame Art und Weise. Meine Eltern waren entsetzt. Nicht, dass sie etwas gegen Franzi hatten, aber für sie war Jenny die optimale Schwiegertochter. Sie waren persönlich enttäuscht, als ich meine neue Freundin zum ersten Mal mit nach Hause brachte. Ich vermutete, sie war ihnen nicht hübsch genug und zu unvorteilhaft gekleidet. Aber auch das war mir egal. Es interessierte mich nicht im Geringsten, ob sie den anderen gefiel oder nicht. Sie war meine Frau; daran gab es – zumindest für uns beide – keinen Zweifel. Vom ersten Augenblick unseres Zusammentreffens an waren wir verloren. Und alles, was danach folgte, war Teil einer Katastrophe, deren aktive Opfer wir waren und deren Opferdasein von einer Corona von Schuld umgeben war, deren Strahlen weitreichende Auswirkungen hatten, die wiederum nichts als Opfer hinterließen.

8

Wir entdeckten, dass wir vieles gemeinsam hatten, obwohl ihr Leben so ganz anders verlaufen war als das meine. Sie war im Gefängnis geboren und ihrer Mutter direkt danach weggenommen worden. Auch sie war eine Frühgeburt gewesen. Auch sie kannte ihre wahren Eltern nicht. Franzi war nur neun Monate und drei Tage jünger als ich. Ihr erstes Lebensjahr verbrachte sie in einem Kinderheim in Sachsen, bevor sie einem kinderlosen Ehepaar zur Adoption zugeteilt wurde. Nun hatte sie Eltern. Nach dem Zusammenbruch der DDR waren diese mittellos. Der Vater trug Zeitungen und Postwurfsendungen aus, und ihre Mutter putzte bei wohlhabenden Leuten und in öffentlichen Gebäuden. Später bekam sie eine Festanstellung bei einer neu gegründeten Reinigungsgesellschaft. Für die Einkommensverhältnisse der Familie bedeutete dies ein großes Glück, auch wenn von dem Gehalt nicht viel zum Leben übrig blieb. Sie zahlten keine Miete und hatten hinter ihrem kleinen Häuschen einen Garten, in dem sie vieles von dem, was sie zum Leben brauchten, selbst anbauten. Sie hielten Hühner und Kaninchen und hatten ihr eigenes Obst und Gemüse. Ein nicht unbeträchtlicher Teil des sauer verdienten Geldes wurde für die alltäglichen Fahrten nach Dresden benutzt, wo die Reinigungsfirma ihren Sitz hatte und auch der Vater seiner Tätigkeit nachging. Franzis Eltern, insbesondere ihr Vater waren stets überzeugte, linientreue Kommunisten gewesen, deren bescheidener

Lebensart es in der DDR an nichts gefehlt hatte. Nach dem Mauerfall waren sie enttäuscht; vom Westen, vom Kapitalismus, der alles geschluckt und vereinnahmt hatte und vom Sozialismus, der sich hatte schlucken lassen und dessen Vertreter, wie sich herausstellen sollte, nicht weniger korrupt waren als die des verhassten Systems, das im Westen geherrscht hatte. In diesen Verhältnissen wuchs Franzi auf. Die Eltern waren wortkarge Menschen, die allerdings ihr nicht weniger wortkarges Kind liebten. Nach der Wende lohnte sich in dem Dorf keine Schule mehr, sodass die wenigen noch verbliebenen Kinder allmorgendlich fünf Kilometer mit dem Rad ins Nachbardorf fahren mussten, um die dortige Schule zu besuchen. Nach dem Unterricht radelten sie wieder zurück. Die Nachmittage verbrachte Franzi im Allgemeinen allein zuhause. Sie schaltete den Fernseher ein, der, bis die Familie spät abends zu Bett ging, eingeschaltet blieb. Sie machte ihre Hausaufgaben – mehr schlecht als recht –, versorgte den Garten und die Tiere und bereitete das Abendessen vor. Bis die Eltern kamen sprach sie kein Wort, und wenn die Eltern abends mit ihr am Tisch saßen, nur wenige Worte. Nach dem Essen half sie ihrer Mutter, räumte den Tisch ab und trocknete das Geschirr. Das war ihr Leben. Sie stellte es nicht in Frage. Mit vierzehn beendete sie die Schule und begann eine Lehre als Verkäuferin im Blumenladen einer Gärtnerei. Sie war nicht sehr beliebt bei der Kundschaft, weshalb sie kurze Zeit später in die Pflanzenaufzucht versetzt wurde. Fortan arbeitete sie im Treibhaus und auf dem Feld, was ihr sehr entgegen kam, da sie nicht mehr viel gefragt wurde und nicht mehr viel zu antworten hatte. Einen Tag nach ihrer bestandenen Gesellenprüfung nahm eine Mitschülerin der Berufsschule sie in ihrem Auto mit nach Berlin in die Disco, und wir lernten uns kennen. Ich war sehr verunsichert, als ich sie das erste Mal zu ihren Eltern nach Hause brachte. Es war an einem Samstagabend. Ihre Eltern saßen schweigend nebeneinander auf dem Sofa ihres Wohnzimmers und starrten auf den Fernseher. Es lief ein Bericht aus Afrika, der die beiden zu interessieren schien, denn als Franzi die Türe öffnete und wir beide den Raum betraten, reagierten sie nicht. Franzi stellte sich hinter ihre Mutter und tippte ihr auf die Schulter. Da zuckte die Frau erschrocken zusammen. Sie hatte geschlafen. Ihren Vater, der, wie ich nun feststellte, ebenfalls tief und fest schlief, weckte Franzi sodann auf die gleiche Weise. Der Vater nickte mir zu, blieb aber sitzen, die Mutter stand auf, gab mir die Hand und fragte:

»Kaffee?«

Ich antwortete:

»Oh ja, sehr gerne! Ich bin übrigens Robert. Freut mich sehr, Sie kennenzu ernen!«

Darauf sagte sie nur:

»Na, ich mache Kaffee! Vater …?

»Auch!«, kam die Antwort von Franzis Vater.

Auf meine hilflos gestotterte Vorstellung ging die Frau mit keinem Wort ein. Ich war perplex. Einerseits bedrückte mich die Situation, die für Franzi normal zu sein schien, andererseits musste ich mich zusammennehmen um nicht laut zu lachen, denn ich stellte mir vor, wie meine Freunde und meine Familie darauf reagiert hätten. Später, nachdem sie sich an mich gewöhnt hatten, schenkte ihr Vater mir zumeist den einen Satz zur Begrüßung:

»Und sonst?«, dem ich zuerst mit:

»Alles in Ordnung, Herr Bahls. Und wie geht es Ihnen?«, begegnete.

Als wir uns schon richtig lange kannten, antwortete ich genau so wortkarg wie er wahlweise mit:

»Geht!« oder »Muss!« was als normal angesehen wurde und niemanden in der Familie zu befremden schien. Meistens gingen wir die Treppe hinauf in ihr Zimmer und liebten uns, und wenn wir später wieder herunter kamen, saßen Franzis Eltern noch genau so vor dem Fernseher wie zuvor, als wären sie mit einem Dübel im Hintern auf ihren Plätzen festgeschraubt. Ich weiß mittlerweile, wie erschöpft sie waren. Von Montag bis Samstag standen sie um vier Uhr morgens auf, um zu ihrer Arbeit zu gelangen, die für beide um viertel nach Fünf in Dresden begann. Um halb sechs abends kamen sie erst zu Hause an. Auch meine Eltern hatten ein arbeitsreiches Leben. Oft stand mein Vater mitten in der Nacht auf, weil er zu einem Patienten gerufen wurde. Aber das war in nichts mit dem normalen Tagesablauf von Karlheinz und Rosa zu vergleichen, und je länger ich die beiden kannte, desto besser konnte ich sie verstehen und desto sympathischer wurden sie mir.

9

Dann zog Franzi bei uns ein; sehr zum Leidwesen meiner Eltern, die immer noch hofften, dass wir uns wieder trennten und ich zu Jenny zurückkehrte. Aber daran war überhaupt nicht zu denken. Meine Eltern verhielten sich sehr diplomatisch. Sie sprachen mit meiner Freundin. Sie versuchten, sie aus ihrer Reserve zu locken, was ihnen kaum gelang, und gaben den Versuch schließlich auf. Um mich nicht zu verlieren, was ihnen zweifelsfrei gelungen wäre, wenn sie sich Franzi gegenüber anders verhalten hätten, begegneten sie ihr stets mit großer Freundlichkeit. Ihr Vorbehalt wie Franzis Reserviertheit ihnen gegenüber blieb. Ich machte mir nichts daraus. Mittlerweile war ich an der medizinischen Fakultät eingeschrieben und studierte mit Lust und großem Einsatz. Ich wollte mindestens ein so guter Arzt werden wie mein Vater. Meine Freunde, von denen ich die meisten kannte, seit wir in unser Haus eingezogen waren, hatten sich von mir zurückgezogen. Ich war allein mit meinen Eltern und Franzi. Die saß meistens zuhause und begann schließlich im Haushalt zu helfen. Am liebsten bügelte sie. Stundenlang stand sie schweigend, manchmal leise vor sich hin summend vor dem Bügelbrett und ließ das Eisen zischend über die Wäsche gleiten. Ich liebte ihr Schweigen, ich liebte ihr stilles, sanftes Wesen. Wenn ich nicht bei ihr war, sehnte ich mich so sehr nach ihr, dass ich oft an nichts anderes mehr denken konnte. Auch nach ihrem Schweigen sehnte ich mich, nach ihrer Art, ihren ernsten Blick auf den Boden gesenkt zu halten, um ihn unvermittelt zu heben und in meinen Augen zu versenken. Schon wenn ich daran dachte, es mir vorstellte, wurde mir heiß. Ich schloss die Augen, während der Schauder der Liebe, die stets mit der Angst, sie zu verlieren verbunden war, meinen Körper erfasste. Ich wusste, dass ich der einzige Mensch in unserem Haus war, der ihr uneingeschränkt zugetan war. Wir hatten eine Putzfrau, die zwei bis drei Mal die Woche kam und eine Haushaltshilfe, die täglich im Einsatz war. Sie bewohnte ein kleines Appartement bei uns unter dem Dach. Renate war bereits die fünfte, die ich erlebt hatte. Mit allen anderen waren wir stets gut ausgekommen, und hin und wieder, sofern sie es ermöglichen konnten, besuchten sie uns heute noch. Auch Renate hatte bisher keinen Anlass zu Misstrauen geboten. Eines Tages kam ich etwas früher von der Uni nach Hause. Ich roch, dass gebügelt wurde und ging die wenigen Stufen zur Wirtschaftsküche hinunter. Ein schmales Fenster bot mir schon von der Treppe aus einen Einblick in den Raum. Ich sah meiner Geliebten zu, wie sie traumverloren in sich gekehrt das Bügeleisen über die Wäsche gleiten ließ. Sie stellte es am Rand des Bügelbretts ab und strich mit ihrer linken Hand über den Stoff, während sie mit der rechten eine Falte aus der ansonsten glatten Fläche zog. Und dann sah ich Renate, die von rechts in das Bild trat. Sie hob das Bügeleisen und legte es auf Franzis linke Hand. Ich sah, wie Franzi erschrak. Das Bügeleisen fiel zu Boden und ihr schossen die Tränen aus den Augen. Entsetzt blickte sie Renate an, doch kein Laut kam aus ihrem Mund. Ich rannte, übersprang die letzte Stufe, riss die Türe zur Wirtschaftsküche auf, stürzte auf Franzi zu und nahm sie in den Arm. Sie zitterte. Sie weinte und blieb stumm. Und Renate stand daneben mit einem, wie mir schien, niederträchtigen Grinsen und fragte:

»Wie konnte denn das passieren?«

»Intrigantes Lügenmaul!«, zischte ich, und sie sagte:

»Wie bitte? Ich kann doch nichts dafür, wenn sie sich so anstellt?«

Renate wurde noch in den folgenden zehn Minuten fristlos entlassen. Sie versuchte zuerst, ihre Tat abzustreiten, doch als sie begriff, dass ich ihr von der Treppe aus zugesehen hatte, räumte sie ein, dass ihr die Sache »passiert« sei und gab als Motiv die Hochnäsigkeit Franzis an, die sich zu gut wäre, mit jemandem zu sprechen, als wäre sie etwas Besseres. Und dann kam unverhohlen Hass zum Ausbruch. Sie imitierte den sächsischen Tonfall Franzis, zog dabei die Mundwinkel herunter und verwandelte ihr ansonsten hübsches Gesicht in eine hässliche Fratze:

»Nu, ich bin vom Kaff, und mei eichene Mutter hat mich ni ham wolln.«

In das Schweigen hinein, das nun folgte knallte die Stimme meines Vaters wie ein Schuss:

»Raus!«

Nur dieses eine Wort. Ich drückte Franzi noch fester an mich. Dann trat meine Mutter auf uns zu, schlang ihre Arme um uns beide, und mein Vater tat es ihr gleich. So standen wir einen Moment zu viert, bis mein Vater sagte:

»Franzi, die Hand muss versorgt werden, komm mit!«

Die Haut auf ihrem Handrücken war teilweise regelrecht weggeschmolzen. Man sah und roch das rohe verbrannte Fleisch, dunkle abgelöste Hautfetzen und an den Wundrändern hoch aufgeworfene Brandblasen. Die Hand hatte Verbrennungen dritten Grades und sah entsetzlich aus. Die Narben sollten Franzi ihr Leben lang an Renate erinnern. Doch während der gesamten Aktion hatte sie nicht einen Laut von sich gegeben – weder um ihren Schmerz auszudrücken, noch Renate anzuklagen. Nur die Tränen strömten über ihr stummes Gesicht.

10

Monate später wurde ich eines Morgens durch eine mir fremde Musik geweckt. Es war vier Uhr, fast noch Nacht, doch die Dämmerung hatte bereits begonnen. Die Musik war ein pfeifendes Singen des Windes, der durch den Kamin fuhr. Ein loser Fensterladen, der an die Hauswand schlug, gab wie ein Metronom den Takt vor, Regen prasselte vom Himmel, und irgendwo tropften in stetigem Gleichmaß einzelne Wassertropfen aus der lecken Dachrinne auf eine Blechdose, wie ich vermutete. Vereinzelte Donnerschläge durchbrachen den Rhythmus in Synkopen, die indes nicht störten, sondern im Gegenteil Spannung erzeugten, bevor sie im Rauschen der alten Weiden vor dem Haus versanken – für heute hatten sie einen Orkan angesagt. Dazwischen drangen andere Töne, Schluchzen und Würgen, die mit dem Gesang des Windes und den anderen Geräuschen eine schaurige Sinfonie eingingen. Auf dem Rücken liegend lauschte ich dieser Musik. Ich drehte meinen Kopf zur Seite und bemerkte, dass Franzi nicht neben mir im Bett lag. Nun erst war ich richtig wach. Das Würgen kam aus dem Badezimmer. Ich knipste das Licht der Nachttischlampe an, sprang auf und rannte ins Badezimmer. Franzi hing über der Toilette und erbrach sich. Sie hatte die Arme darum gelegt, als wollte sie sie umarmen.

»Franzi, was ist passiert?«, rief ich, »Hast du was Schlechtes gegessen?«

Sie zuckte mit den Schultern. Sie war sich dessen nicht bewusst. Danach zog ich ihr das verschmutzte Nachthemd aus, wusch sie, trug sie ins Bett zurück, als wäre sie ein kleines Kind und zog ihr ein frisches Nachthemd an. In meinem Arm schlief sie ein, und als sie vier Stunden später wieder aufwachte, ging es ihr besser. Ich hatte nicht mehr richtig einschlafen können und in einem Zustand von Halbwach und Halbschlaf vor mich hingedöst. Doch hatte ich mich ruhig verhalten, da sie immer noch in meinem Arm gelegen hatte. Der Regen hatte aufgehört und das Stück Himmel, das ich durchs Fenster sah, war von brennendem Rot quer mit rosa und dunkelgrauen Wolkenfäden durchzogen. Ein feuriges Rechteck in unserem Schlafzimmer, wie ein Bild, das an der Wand hing. Ich sah auf ihren blonden Kopf, der entspannt in meiner Armbeuge lag und fühlte Liebe. Als sie die Augen aufschlug und mich sah, lächelte sie.

»Franzi«, fragte ich, »bist du schwanger?«

»Nein!«, rief sie und schüttelte heftig den Kopf. »Das kann nicht sein!«

»Bist du sicher?«, insistierte ich.

»Ganz sicher!«, versicherte sie und ich ließ es vorerst darauf beruhen.

Als wir später beim Frühstück saßen, sah ich, dass sowohl mein Vater als auch meine Mutter sie heimlich beobachteten. Und da bemerkte auch ich ihr verändertes Verhalten. Normalerweise aß sie wenig bis nichts. Sie war dünn wie ein Kind. Ein viertel Croissant, oder zwei Löffel Cornflakes, eine Erdbeere genügten ihr als vollständige Mahlzeit, und ich fragte mich oft, wie ein normaler, gesunder Mensch mit diesem Kaum an Kalorien auskommen konnte. Doch heute stopfte sie alles in sich hinein, was auf dem Tisch stand. Weintrauben, Bananen, die sie bis dahin verabscheut hatte, Schinken, Käse, Wurst und Müsli. Ich sagte:

»Vorsicht! Pass auf, dass du dich nicht wieder übergeben musst!«

Ich lachte und streichelte ihre Hand. Meine Eltern jedoch schienen keineswegs belustigt. Sie sahen einander an, und ich konnte ihre Frage aus den besorgten Gesichtern ablesen. Später sah ich durch die Glasscheibe zur Praxis hin wie meine Eltern beieinander standen. Vater hatte seinen Arm um Mutters Schulter gelegt, und sie sah zu Boden. Noch später – ich lernte für eine Klausur und blieb an diesem Tag zuhause – sah ich, wie meine Eltern mit Franzi in der Küche saßen und auf sie, die ihrer Natur gemäß schwieg, einredeten. Als sie mich eintreten sahen, unterbrachen sie das Gespräch und blickten mich an.

»Ich weiß nicht, was Ihr zu besprechen habt«, sagte ich, »und bin auch gleich wieder weg!«

Ich griff mir eine Flasche Mineralwasser aus dem Kühlschrank, schraubte sie auf, nahm einen Schluck, schraubte sie wieder zu und winkte ihnen betont lässig zu. Tatsache war, dass ich nicht nur begierig war, zu erfahren, worüber sie geredet hatten, sondern auch ein wenig beleidigt, weil sie vor mir Geheimnisse zu haben schienen. Andererseits dachte ich daran, dass in wenigen Tagen mein einundzwanzigster Geburtstag wäre, und dies durchaus ein Grund für ihre Heimlichtuerei sein könnte. Allerdings entnahm ich den besorgten Gesichtern meiner Eltern keine Überraschungsplanung für einen Freudentag.

»Keine Frage«, dachte ich, »sie ist schwanger! Sie wollen mich nicht beunruhigen, bevor sie Gewissheit haben« und ging wieder die Treppen hinauf, als wollte ich zurück zu meiner Arbeit.

Auf dem ersten Treppenabsatz blieb ich stehen, um zu lauschen. Doch so sehr ich mich anstrengte, ich hörte nichts. Sie schwiegen alle drei. Dann sah ich, wie mein Vater mit Franzi in der Praxis verschwand.

»Ja, sie ist schwanger – oder krank!«, dachte ich und lief die Treppe wieder hinunter in die Küche, wo meine Mutter immer noch saß, ihre Ellenbogen auf der Tischplatte und den Kopf in die Hände gestützt.

»Was ist los?«, fragte ich sie, und sie antwortete nicht.

Sie sah mich nur an und schüttelte dann den Kopf, so, als hätte sie etwas erfahren, was sie nicht glauben konnte.

»Glaubst du, dass sie schwanger ist?«, fuhr ich fort, und sie:

»Weißt du es denn nicht? – Ist es möglich?«

Ich erinnere mich sehr genau an diese Situation. Kein einziger Laut, kein Hauch einer Bewegung, nichts, was ich mir nicht mit Akribie jederzeit und augenblicklich vergegenwärtigen könnte. Der Kühlschrank begann singend seine Kühltätigkeit, meine Mutter schwieg nun und sah auf das Muster der Tischdecke, Blumen, Rosen in verschiedenen Rottönen, von hellrosa bis weinrot, mit dunkelgrünen Blättern. Die Türe zum Garten ging auf und fiel wieder ins Schloss, unsere Hausangestellte verließ das Haus, vermutlich, um Kräuter oder Blumen zu schneiden. Ich dachte an die Blumen, die täglich frisch in den Vasen auf diversen Tischen verteilt wurden.

»Warum lässt man sie nicht am Leben? Muss man sie unbedingt schneiden und zu Sträußen binden? Muss man sich an ihrem Sterben, das man selbst herbei geführt hat, noch erfreuen? Welchen Sinn macht das? Wir lieben frische Blumen im Haus, doch es ist der Tod, den wir lieben, das Sterben. Wir töten, was wir lieben, und wir lieben, was wir töten. Wir leiten die Metamorphose ein, die auch ohne unser Zutun begonnen hätte, um uns noch eine Weile an der flüchtigen Schönheit zu erfreuen.«

Das waren meine Gedanken, als mir klar wurde, dass ich Vater werden würde.

11

Man sah ihr nicht an, dass sie glücklich war. Doch sie war es. Mir ging es zu Anfang anders. Ich hatte Angst. Was genau es war, das mir diese Angst bereitete, wusste ich nicht. Ich fühlte mich noch zu jung, um die Verantwortung für ein Kind zu übernehmen. Aber Abtreibung? Ein Kind von Franzi abtreiben? Allein der Gedanke war unerträglich. Meine Eltern plädierten zunächst halbherzig dafür, verwarfen indes den Vorschlag, als sie mein entsetztes Gesicht sahen. Sie hatten nun sämtliche Illusionen verloren, dass Jenny jemals ihre Schwiegertochter werden könnte. Mein Vater hatte Franzi die Pille verschrieben; sie musste sie vergessen haben. Meine Mutter fragte mich, ob ich die Einnahme nicht hätte kontrollieren können. Insgeheim warf sie mir vor, es nicht getan zu haben. Obwohl meine Eltern nichts mehr gegen Franzi hatten, im Gegenteil, sie mochten sie mittlerweile sogar sehr gerne, blieb ihnen die Sache zwischen ihr und mir suspekt. Sie fügten sich – etwas anderes blieb ihnen auch gar nicht übrig – und nahmen sich vor, ihrem Enkelkind gute Großeltern zu sein. An Heiraten dachten wir beide nicht. Es hätte nichts geändert. Ich wollte mit Franzi mein Leben verbringen und sie das ihre mit mir. Nein, wir waren zum damaligen Zeitpunkt schon lange verloren, und wir wussten es nicht. Wir genossen den Augenblick. Franzi war im dritten Monat ihrer Schwangerschaft und ich bereitete mich auf die letzten Klausuren vor, da ich noch einige Scheine brauchte, um mich auf das Physikum vorzubereiten. Danach kämen die klinischen Semester, auf die ich mich freute, als wäre ich dann schon ein fertiger Arzt. Ich wollte Chirurg werden wie mein Vater, den ich bewunderte. Er hatte sich zu einer Praxis entschieden, weil er helfen wollte. Bei seinem Ruf als Chirurg, wäre ihm eine Professur sicher gewesen, doch hatte er nie bereut, sich selbstständig gemacht zu haben. Zugegeben, es hatte viele Vorteile. Er war zuhause bei seiner Familie, was ihm sehr wichtig war. Er arbeitete mit meiner Mutter zusammen, mit der er sich blind verstand. Außerdem hatte er immer noch Belegbetten im Krankenhaus und die Möglichkeit, bestimmte Operationen, die ihm wichtig waren, selbst zu machen. Ich stellte mir oft die Frage, ob Franzi jemals in der Lage wäre, mir zu helfen, falls ich daran dächte, eines Tages die Praxis meiner Eltern zu übernehmen und beantwortete sie selbst mit »Nein«. Sie war nicht dumm, aber nein, niemals wäre sie dazu fähig. Sie wäre bereits an der Begrüßung geschweige denn der Befragung der Patienten für die Kartei gescheitert. Jeder Versuch, sie für irgendetwas zu interessieren, schlug fehl. Sie hatte außer mir weder Freunde noch Freundinnen, und seit sie ihren Job aufgegeben hatte, waren ihre einzigen sozialen Kontakte die, zu mir, zu meiner und zu ihrer Familie. Es genügte ihr. Sie blieb schweigsam, und wenn sie mir etwas erzählte, dann waren es Absonderlichkeiten der stereotypen Fernsehsendungen, die sie nicht müde wurde, anzusehen, Serien, in denen es zumeist um überzeichnete Liebeswirren und Intrigen ging. Es waren moderne Märchen mit denen sie sich identifizierte.

Ich will mich nicht darüber erheben; es war ihre Art, davon zu fliegen in ein anderes Leben. Es war ihr aufgespannter Schirm, der ihr zur Flucht verhalf. Ich akzeptierte es, auch wenn es mir fremd war. Zumeist huschte sie wie ein stiller Schatten durch das Haus, in das sie nicht wirklich zu gehören schien. Sie war da, und sie war nicht da. Sie konnte am Fenster stehen und eine halbe Ewigkeit hinaus starren, ohne etwas zu sagen, und wenn ich sie fragte, was sie dort wohl sähe, gab sie mir zur Antwort:

»Nichts Besonderes.«

So war sie. Sie gehörte zu mir. Wer sie war, was in ihr steckte und wozu sie fähig war, das wusste niemand; auch ich nicht.

12

Es war Krieg. Ich rannte um mein Leben. Um mich herum schlugen Granaten ein. Ich wollte nach Hause. Als ich das Gartentor erreicht hatte und die Allee zum Haus hin rennen wollte, sah ich, wie eine Bombe darin einschlug. Eine Explosion, ein einziger tosender Feuerball, der in einem winzigen Moment mein Leben, das Haus mit allem darin, was ich liebte, zerstörte. Menschliche Gliedmaßen stoben wie Funken durch die Luft. Ein Arm fiel herab und landete direkt vor meinen Füßen. Es war der rechte Unterarm Franzis, weiß, zart, mit einer zerbrechlichen Hand. An einem ihrer Finger steckte lose ein Ring, der ihr ganz offensichtlich nicht passte. Er war zu groß. Ich nahm ihre Hand und küsste sie. Da wurde der Ring lebendig und schlang sich mir um den Hals, während mir eine Granate direkt ins Hirn schoss. Ich wusste, dass ich nun sterben würde, spürte den Schmerz und wie es schwarz um mich wurde.

»Ich bin tot!«, dachte ich und »Seltsam, hier im Tod ist es wie im Leben!«

Ich brauchte eine Weile, um mich zurechtzufinden. Wo war ich? Wo war Franzi? Sie lag neben mir und schlief. Draußen tobte ein

Gewitter. Kaum durchschnitt ein greller Blitz den Himmel, hörte man bereits den Donner krachen. Es war Nacht und hell wie am Tag, da ein Blitz dem anderen folgte und in der Havel einschlug. Franzi murmelte etwas, das ich nicht verstand. Ich hielt mein Ohr nahe an ihr dampfendes Schlafgesicht, da schwieg sie. Gerade wollte ich mich wieder von ihr wegdrehen, um aufzustehen, ins Badezimmer zu gehen und ein Glas Wasser zu trinken, da sprach sie wieder. Ich hörte sie sagen:

»Lang an die Kinder! Schrei glimpf …!«

Das Wort »Kinder« hörte sich wie »Klndn« an. Es ergab keinen Sinn.

»Warum suchen wir in allem einen Sinn?«, fragte ich mich und gab mir selbst die Antwort: »Weil wir uns selbst nicht vertrauen! Weil wir die ganz normale Banalität unseres sinnlosen Daseins nicht wahr haben wollen, egal woher wir kommen und wer immer wir sein mögen.«

Ein neuer Blitz erhellte das Zimmer und beleuchtete ihr bleiches Gesicht. Ich betrachtete es. Ihre Lider zuckten, bläuliche Adern bewegten sich im Takt ihrer rollenden Augen darunter. Sie sah aus wie ein Kind. Ein Kind mit einem Kind im Bauch, der sich rund unter der Decke erhob wie ein Medizinball. In ein bis zwei Wochen, vielleicht in wenigen Tagen war der vage errechnete Geburtstermin. Eine feuchte Strähne ihres dünnen blonden Haars klebte über ihrer Stirne, die ich ohne sie zu wecken zur Seite strich. Sie schwitzte stark.

»Ich liebe dich!«, flüsterte ich während ich vorsichtig ihre Stirn mit einem Taschentuch trocknete. Ich spürte ein brennendes Gefühl, an ihr schuldig geworden zu sein, das ich mir nicht erklären konnte.

Mein Magen tat weh und mein Mund war so trocken, dass die Lippen an den Zähnen kleben blieben. Vorsichtig rollte ich zur Seite, um sie nicht zu wecken und stand auf. Ich schlich in unsere kleine Küche, die wir kaum als solche benutzten, da wir zumeist mit meinen Eltern aßen. Ich holte ein Glas aus dem Schrank, nahm eine Flasche Mineralwasser aus dem Kühlschrank, schraubte sie auf und ließ das Wasser ins Glas einlaufen. Ich hob die Flasche etwas an und betrachtete den glitzernden Strahl, der wie eine zerbrochene Kristallsäule ins Glas stürzte und gleichzeitig so aussah, als stünde er darin. Ich dachte an Stillstand und Bewegung. Ich dachte an Franzi. Während in der Welt draußen ein Unwetter tobte, dachte ich an unser Kind, mein Kind, das ein Sohn war, und ich wünschte mir, dass niemals Morgen würde. Im Feuerschein der Blitze erschienen schwarze Wolkentürme wie Schatten werfende, grinsende Dämonengesichter. Panik ergriff mich, die mir die Brust schwer machte und mich kaum atmen ließ. Was war nur los mit mir? Hatte ich nicht alles, was ich brauchte? Ich wohnte in einem schönen Haus, das eines Tages mir gehören sollte, ich studierte meinen Traumberuf, musste mir weder um Arbeitslosigkeit noch Finanzen Sorgen machen, hatte gesunde nette Eltern, die zu mir hielten und die Frau, die ich liebte, an meiner Seite. In Kürze würde ich Vater, und ich konnte mir schwerlich vorstellen, dass mein Glück überboten werden könnte. Ich versuchte, mir den Stein von der Brust zu atmen und setzte mich an den kleinen Küchentisch. In langsamen Schlucken trank ich das Wasser, und wartete darauf, dass sich mein Magen beruhigte. Da fiel mein Blick auf ein aufgeschlagenes Schreibheft auf dem Tisch, das ich bis dahin nicht gesehen hatte. Ich erkannte ihre Schrift, es gehörte Franzi. Ich wollte es zuklappen, da fiel mein Blick auf das Wort »Tod« und ich las. Nur die eine Seite, auf der wenige Zeilen beschrieben waren.

Dem Tod eine Schneise schlagen
und das Leben hindurch peitschen …
Das ist das Glück – Zwei Leben, die ich lebe.
In den Einzugsbereich des Feuers will ich mich legen
und darauf warten, dass es mich erfasst.
Ich habe Angst, dass meine Träume wahr werden.

»Was mögen das für Träume sein, vor deren Verwirklichung sie sich fürchtet?«, dachte ich, während die Panik in mir zu einem Sturm anschwoll.

In meinem Schädel klopfte der Puls wie ein Hammer. Der Stein in meiner Brust wuchs, quetschte zu beiden Seiten meine Lungenflügel und machte mir das Atmen noch schwerer als zuvor. Ich legte das Heft genau so, wie ich es vorgefunden hatte, an denselben Platz auf dem Tisch, wobei ich mich darauf konzentrierte, denselben Winkel wieder herzustellen, den es zuvor zur Tischkante hatte, als wäre nichts geschehen.

13

Ich saß eine Weile da und sah aus dem Fenster hinaus. Das Gewitter war vorbei. Der Sturm hatte die schwarzen Wolken vertrieben, die kurz zuvor noch über den Himmel gerast waren. Ich musste ohne es gemerkt zu haben eingeschlafen sein. Halbschlaf und Halbwachtraum hatten mich davon getragen, und nun sah ich, wie von zwei dunkelgrauen Querschlieren durchzogen die Sonne aufging. Ich bin normaler Weise ein Nachtmensch, folglich kann man die Morgen, an denen ich dieses Naturereignis betrachten konnte, an einer Hand abzählen. Einmal ist es am Meer geschehen. Es war beim ersten Urlaub, den ich ohne meine Eltern nur mit meinen Freunden verbracht hatte. Wir waren auf einem Campingplatz in Italien in der Nähe von Ancona gewesen. Am Strand von Sirolo – laut Baedeker dem schönsten des Landes hatten wir gegrillt und fast bis zum Morgengrauen gefeiert. Die meisten lagen in ihren Schlafsäcken und schliefen, als die Sonne aufging, aber Jenny und ich saßen aneinander gelehnt neben dem allmählich verglimmenden Grillfeuer und sahen auf das Meer hinaus. Hinter uns ragte der weiße Kreidefelsen von Conero, auf dem der Wein wuchs, den wir den Abend über getrunken hatten, schroff in die Höhe. Damals waren wir seit zwei Monaten zusammen. Wir kannten uns, seit wir eingeschult worden waren, und hatten beide nicht den geringsten Zweifel daran, dass wir zusammenbleiben und den Rest unseres Lebens gemeinsam verbringen würden. Da tauchte die Sonne aus dem Meer auf. Erst sahen wir einen hellen Fleck am Horizont, als hätte im Wasser jemand eine Lampe angezündet, der den Himmel und das Meer in einem kleinen nach außen hin verschwimmenden Kreisrund erhellte. Orange gleißende Lichtfetzen kündigten sie an, die dann in einem winzigen Punkt wie ein blutroter Hemdknopf erschien. Das Meer erstrahlte in ihrem Glanz noch bevor man sie richtig sehen konnte. Sie wuchs rasch, spiegelte sich im Wasser und warf ein Tuch von feuerfarbener Seide um sich, aus dem sie auftrat wie die Königin der Welt. Und wir, Jenny und ich hielten uns umschlungen, und sahen ihr dabei zu.

»In Italien ist die Sonne männlich!«, hatte sie gesagt, und ich hatte ihr geantwortet:

»Nicht nur in Italien, sondern auch in Frankreich und Spanien, und wer weiß wo noch!«

»Ja, ich weiß. Für die alten Ägypter war sie Gott. Kein Wunder!«, hatte Jenny gesagt; und nach einer Weile des Schweigens: »Er wird uns alle verbrennen, dieser Gott – wenn wir ihm zu nahe kommen.«

Jeder gelebte Augenblick ist ein Fakt, der nie wiederkehrt und vor den man nicht zurückkommt, um die Vergangenheit zu korrigieren. Doch ist er vorbei, nicht mehr real. Er wird zur Erinnerung und damit anfechtbar, da er für jedes Lebewesen eine andere Bedeutung hatte. Ich erinnere mich, dass ich daran dachte, wie mein Großvater mir immer gesagt hatte, die Sonne ginge hinter den Meeren am Ende der Welt schlafen. Damals, in Sirolo, hatte es so ausgesehen, als käme sie direkt aus dem Meer, und nun, da ich hinaus blickte in die Berliner Dämmerung, erschien es mir, als käme sie aus einem Krieg, dessen letzte Schlacht sie gewonnen hätte, um den Menschen den Frieden zu verkünden und dachte an Franzi. Für mich war sie immer etwas Besonderes, und auch wenn ich wusste, dass niemand außer mir sie bewunderte. Ich sah ihre Schwächen, und sie störten mich nicht. Nun hätte ich mir gewünscht, ihre Worte nie gelesen zu haben, so sehr mich deren Deutung interessierte. Andererseits gefiel mir was sie geschrieben hatte, da es mir eine völlig andere Seite ihres Wesens offenbarte. Aber mehr wollte ich nicht lesen. Jetzt noch nicht. Wenn sie gewollt hätte, dass ich es täte, hätte sie mir das Heft gezeigt. So aber fühlte ich mich, als wäre ich heimlich und unbefugt in ihre Intimsphäre eingedrungen und schämte mich für meine Indiskretion, auch wenn ich mich ihr nun noch viel näher fühlte. Ich kroch zurück ins Bett, und drückte meinen ausgekühlten Körper an den Körper meiner Geliebten und meines Sohnes, den ich begierig war, kennenzulernen und vor dessen Auftauchen aus seinem Meer ich mich fürchtete.

14

Als die Mauer fiel, war ich gerade mal vier und Franzi drei Jahre alt. Ich erinnere mich an Situationen mit meinen Eltern und Großeltern vor dieser Zeit, aber in meinen Bildern finden auch sie im »Havelhaus« statt. Franzi wusste immerhin, dass sie im Gefängnis geboren wurde, wo ihre Mutter als »Republikflüchtling« inhaftiert war, und sie wusste, dass ihr Vater beim Versuch in den Westen zu gelangen, an der Mauer erschossen worden war. Direkt nach der Geburt wurde sie ihrer Mutter weggenommen. Sie war zwei Monate zu früh geboren und hatte, wie es schien, kaum Überlebenschancen. Als sie in ihrem Brutkasten ihren eigentlichen Geburtstermin erreicht hatte, wurde sie zunächst in einem Säuglingsheim und später bei einer Familie untergebracht, von der sie noch später adoptiert wurde. Im Gegensatz zu mir haderte sie nicht mit ihrer Mutter. Sie empfand Mitleid mit ihr, der man das Kind entrissen hatte, machte sich jedoch nicht die Mühe nach ihr zu suchen. Sehr viel später bekamen ihre Adoptiveltern heraus, dass jene eine Woche nach ihrer Geburt, lange vor dem Fall der Mauer in der Haft gestorben war. Ich machte mir zum damaligen Zeitpunkt schon lange keine Hoffnung mehr, jemals etwas über die Frau in Erfahrung zu bringen, der ich mein Leben verdankte, von meinem Erzeuger ganz zu schweigen, da die Suche nach ihm noch viel schwieriger zu gestalten wäre. Meine Eltern setzten Himmel und Hölle in Bewegung, um sie ausfindig zu machen, doch auf sämtliche Aufrufe in den Zeitungen meldete sich nur eine einzige Frau, die gesehen haben wollte, wie ich vor die Charité gelegt wurde. Mich interessierte die Geschichte. Ich wollte sie in allen Einzelheiten beschrieben haben, und es stellte sich heraus, dass es so ähnlich abgelaufen war, wie ich vermutet hatte; nur dass mein Vater nichts damit zu tun hatte. Sie hätte mich lange an sich gedrückt, geküsst und geweint. Dann wäre sie schnell zum Eingang der Klinik gerannt, hätte mich dort abgelegt und wäre dann genau so schnell wieder weggelaufen. Die Zeugin hatte noch gesehen, wie sie in einen Hauseingang gehuscht wäre und beobachtet hätte, wie das kleine Bündel aufgehoben und hineingetragen worden wäre. Mager wäre die Frau gewesen und blond. Ihre Haare wären im Nacken zusammengebunden gewesen. Auch wäre sie noch sehr jung gewesen, noch kaum erwachsen. Nun hatte ich eine vage Vorstellung von ihr. Ich war ihr gram, auch wenn die Vorstellung der herzzerreißenden Szene vor der Charité mich zu Tränen rührte. Die Frau war glaubwürdig. Von meinen Eltern danach gefragt, kannte sie Details, die nur ein Augenzeuge kennen konnte. Sie konnte sich sogar an den blauen Sommermantel meiner Mutter erinnern. Ich fragte mich, warum sie, die mich in die Welt gesetzt hatte, in all den Jahren seit der Wende nie den Versuch unternommen hatte, mich ausfindig zu machen und beschränkte mich nach außen hin damit, zu akzeptieren, dass sie mich nicht sehen wollte. Das Wenige allerdings, was ich nun wusste, stachelte meinen Wissensdurst in einem Maße an, dass ich heimlich weiter nach meiner Herkunft forschte. So sehr, dass es mir allmählich zur Sucht wurde, die im Grunde genommen nie wirklich befriedigt werden konnte; denn ich kam keinen Schritt weiter. Mein Fall war in der DDR keine Seltenheit, wie ich erfuhr. Bei den zuständigen Behörden wurde mir gesagt, dass meine Mutter möglicher Weise Republikflucht begangen oder kurz vor einer Verhaftung gestanden hätte. Als ich das Wort »Verhaftung« im Zusammenhang mit meiner Suche hörte, dachte ich an Franzi, die kein Jahr später im Gefängnis geboren wurde und daran, dass wir doch eine ganze Menge gemeinsam haben. Für einen kurzen Moment erfasste mich ein Gedanke, den ich schnell wieder zur Seite schob. Ich wollte ihn nicht denken. Ich nahm mir vor, die Suche nach meiner richtigen Mutter aufzugeben und die Vergangenheit ruhen zu lassen. Doch eine Sucht geht weiter, sie hört ihrem Charakter gemäß nicht auf. Man bekommt nie genug. Jede Befriedigung ist temporär und erfordert noch mehr, weitere, größere Nahrung auf dem Weg zur Wahrheit, die uns eines Tages alle vernichten sollte.

15

So sehr ich mich auch bemühte, meine Wurzeln ausfindig zu machen, so wenig erfuhr ich über meine Herkunft. Der Bericht der Zeugin, die sich auf Mutters Anzeige gemeldet hatte, blieb die einzige Information, mit der ich mich nicht zufrieden geben wollte. Alles war möglich. Wenn das junge Mädchen, das mich vor die Charité gelegt hatte, mich tatsächlich geboren hatte, stellte sich natürlich die Frage nach dem Warum. Möglicher Weise hatte sie in die BRD fliehen wollen, und auf ihrer Flucht keinen Säugling gebrauchen können, dessen Leben sie auch damit in Gefahr gebracht hätte. Vielleicht war sie auch an der Grenze erschossen worden wie Franzis Vater, das würde erklären, warum sie sich nach dem Mauerfall nie gemeldet hatte. Ich dachte auch daran, dass ihr eine Verhaftung gedroht haben könnte, die mit Problemen einher gegangen wäre, die sie dem Kind ersparen wollte. Auch der Gedanke, dass sie noch nicht volljährig, selbst noch ein Kind gewesen war und Angst vor der Reaktion von

Eltern und Umwelt gehabt haben könnte, kam mir in den Sinn. Aber dann hätte sie mich doch im Laufe all der Jahre, die seither vergangen waren, schließlich suchen können. Ich zog den Schluss, dass sie ganz offensichtlich an mir kein Interesse hatte und gestand mir halbherzig ein, dass mich diese Variante am meisten verletzte. Ich wünschte mir, sie wäre tot, um diesen Gedanken verwerfen zu können.

Nun saß ich Franzi gegenüber und sah ihr zu, wie sie eine Mandarine schälte. Sie tat es langsam, wie alles, was sie je tat. Unser Sohn war seit über einer Woche überfällig, was angesichts der Tatsache, dass es keinen genau errechneten Geburtstermin gab, noch völlig normal war. Ich sah ihr fasziniert zu wie sie die Frucht von allen weißen Häuten und Fäden befreite, in mühseliger Kleinarbeit, wie ich dachte. In der Zwischenzeit hätte ich die Möglichkeit gehabt bis nach Kleinmachnow und zurück zu radeln. Ihre langen dünnen Finger erinnerten mich an Schlangen, unter deren müden Bewegungen die Mandarine allmählich ein makelloses Orangerot erhielt. Die Türe ging auf und die neue Haushaltshilfe, die einen Tag zuvor ihre Arbeit bei uns begonnen hatte, trat ein.

»Fräulein Rinke«, sagte sie, »haben Sie etwas dagegen, wenn ich hier gleich staubsauge?«

Franzi hatte sie wohl nicht gehört, denn sie antwortete nicht. Sie fuhr fort, ihre Mandarine zu putzen, und ich fuhr damit fort, sie dabei zu beobachten. Gerade als ich dachte, dass es unhöflich wäre, auf die Frage nicht zu reagieren und zu einer Antwort ansetzte, sagte die Frau:

»Entschuldigung, ich wollte nicht stören, aber Ihre Schwester scheint mich nicht gehört zu haben.«

»Sie ist nicht meine Schwester«, sagte ich.

»Wie, ist sie nicht ihre kleine Schwester? Sie könnten doch Zwillinge sein!«, rief die Frau erstaunt.

Ich erschrak und sah sie an, während Franzi weiter völlig unbeteiligt an der Mandarine herumpulte, die in ihren Händen nun schon etwas ausgetrocknet wirkte und ihren Glanz verloren hatte.

»Habe ich etwas Falsches gesagt?«, fragte die Hausangestellte verunsichert. »Das täte mir Leid!«

»Nein, nein, das können Sie ja alles noch nicht wissen!«, beschwichtigte ich sie. »Franzi ist meine Frau!«

»Ach, Entschuldigung! Das habe ich nicht gewusst!«, stotterte sie, »Sie sehen sich aber auch zu ähnlich!«

»Schon gut, Sie müssen sich nicht entschuldigen!«, sagte ich.

Dann schwiegen wir. Es war ein seltsamer Moment. Die Frau stand eine Weile peinlich berührt in der Türe und wusste nichts zu sagen, noch wie sie reagieren sollte. Ich saß da, und war nicht weniger peinlich berührt. Franzi hatte ihr äußeres Reinigungsritual beendet und begann damit, die Frucht in ihre Einzelteile zu zerlegen. Ich dachte, dass sie nun an jedem einzelnen Mandarinenschnitz die gleiche Akribie anwenden würde, bevor sie schließlich zum Sinn der Aktion käme und das erste Stück verspeisen würde.

»Ja, wir sehen uns sehr ähnlich!«, sagte ich.

»Also wie gesagt, ich wollte nicht stören!«, erwiderte die Frau, zog ihren Staubsauger hinaus und schloss leise die Türe.

16

Ich stand auf dem Balkon und sah, wie sich die Sonne über die gegenüber liegenden Berggipfel des Thüringer Waldes schob. Weit und breit erblickte man nur Wälder und Felder und in weiter Ferne, kaum mehr als eine Ahnung, die Zinnen der Wartburg. Das Haus hatte mein Vater vor nicht ganz zwei Jahren gekauft, und wann immer wir ein paar Tage ausspannen wollten und es uns zeitlich leisten konnten, fuhren wir hierher. Vom vorderen Balkon aus sah man die Sonne aufgehen und auf der anderen Seite, von der hinteren

Terrasse aus, die nach Westen zu ging, untergehen. Wir befanden uns zwischen Sonnenauf- und untergang. Ein Gedicht von Eichendorf schob sich mir ins Gedächtnis:

»Und meine Seele spannte
Weit ihre Flügel aus
Flog durch die stillen Lande
Als flöge sie nach Haus«

Als ich damals mit Jenny in Sirolo war, hatte sie es mir vorgetragen. Sie hatte mit aufgestellten Beinen im Sand gesessen, und ich hatte dazwischen auf dem Rücken gelegen, meinen Kopf halb an die Innenseite eines ihrer Schenkel und halb an ihren Bauch gelehnt.

»Wenn ich mit dir zusammen bin, dann habe ich keine Angst mehr!«, hatte ich gesagt und es ernst gemeint.

Seit ich nicht mehr mit Jenny zusammen war, hatte die Angst mich nie mehr verlassen. Ich brauchte Franzi und konnte mir ein Leben ohne sie nicht mehr vorstellen; aber dennoch hatte ich Angst. Angst, sie zu verlieren, Angst, mich zu verlieren, Angst, alles zu verlieren. Ich hatte Angst vor ihr und vor mir selbst, und ich hatte Angst vor der Angst, die ich mir nicht erklären konnte. Franzi und ich hatten uns auf Drängen unserer Eltern hin doch entschlossen, unser Verhältnis zu legalisieren und waren seit nunmehr sechs Monaten verheiratet. Julian, unser Sohn war mittlerweile schon fast ein Jahr alt. In wenigen Tagen wollten wir seinen ersten Geburtstag feiern. Er war ein zartes Kind, sehr dünn, sehr ernst und sehr still. Er sah uns beiden ähnlich, doch vom Wesen her glich er sehr viel mehr Franzi. Sie stillte ihn mit Hingabe, was mir einerseits gefiel, doch, wie ich zugeben musste, oft einen Stich der Eifersucht durch den Leib jagte. Ich mochte ihn, ohne zunächst sagen zu können, dass ich ihn liebte. Er tat mir Leid und war mir Bedrohung, und ich wusste weder, warum er mir Leid tat, noch warum ich eine Gefahr in ihm sah. Er wirkte noch zerbrechlicher als sie. Seine Augen von tiefem Blau, schienen nichts zu sehen und alles. Genau wie die Augen Franzis waren sie zumeist starr in die Weite gerichtet. Selbst wenn er mich, seinen Vater ansah, ging sein Blick durch mich hindurch in eine hinter mir liegende, weit entfernte Welt, zu der ich keinen Zugang hatte, als bliebe ihm nichts verborgen. Auf unerklärliche Weise fühlte ich mich einsam, wenn mein Sohn seine Augen auf mich richtete. Nun stand ich auf dem Balkon und ließ den Blick in die winterliche Landschaft schweifen. Die Sonne schien, auf den Berghängen und im Tal glitzerte der Schnee, die Wälder lagen wie Abgründe, schwarze Löcher im unversehrten Weiß, von den Bäumen hingen lange Eiszapfen. Die Luft stand still im Frost, und Stille war ringsumher, kein Laut zu hören. Franzi schlief noch mit Julian in ihrem Arm, der vermutlich auch schlief. Ich hörte ihn nicht. Er war zumeist nicht zu hören, auch wenn er wach war. Manchmal lag er mit diesem aufgerissenen, leeren Blick neben ihr, und nur seine Ärmchen und Beinchen bewegten sich. Eine Zeitlang dachten wir, er wäre blind, doch die Tests hatten ergeben, dass er sehr wohl alles sehen konnte. Er schien wie in einer anderen Welt zu leben, in der zumindest ich nichts zu suchen hatte. Es war eine Welt, die mich als Eindringling empfinden ließ und ausschloss. Ich musste mir eingestehen, dass dieser Umstand mich traurig machte. Nun stand ich da und betrachtete das Land. Ich dachte nach. Ich fror. Der Garten war auf der linken Seite von einer niedrigen Mauer eingefasst, die das Gelände nach rechts zu in S-Form durchschnitt und wie eine Acht in zwei verschiedene Bereiche teilte. Der linke Teil bestand nur aus einer Rasenfläche, auf der mittig eine Blutbuche mit einer rund um den Stamm gebauten Lattenbank stand. Näher zur Mauer hin wuchsen ein Apfelbaum, sowie einige wenige Büsche direkt in der Ecke vor der Mauer. Links im vorderen Teil der Grasfläche war ein runder, gemauerter Brunnen mit Dach und Zugwinde, mit deren Hilfe man einen Eimer hinunter lassen konnte. Auf der rechten Seite war ein kleiner Park angelegt, mit Kieswegen und Beeten, in denen Flieder, Rhododendron und andere Büsche gepflanzt waren, die vom Frühling bis zum Herbst zu unterschiedlichen Zeiten in den unterschiedlichsten Farben blühten. In diesen Teil des Gartens gelangte man durch ein Portal von zwei gemauerten Pilastern auf denen steinerne Putten standen und der direkt zum Haus hin von den Ästen eines alten Birnbaums überdacht war, die wie ein riesiges Elsternnest ineinander verschlungen waren. Die empfindlichen Büsche waren nun mit Foliensäcken abgedeckt, und der Rhododendron stand zum Überwintern windgeschützt in einem Blumenkübel im Gewächshaus. Im hinteren Teil des Gartens wuchs ein Walnussbaum. Daneben führte eine Treppe hinter die Mauer, wo sich in Terrassen ein Gemüsegarten den Hang hinunter zog. Das alles, was im Sommer so bunt und lebendig war, lag nun unter hohem Schnee begraben wie unter einem Leichentuch. Darüber warf der stahlblaue Himmel ein kaltes Licht, das sich in der unberührten weißen Fläche spiegelte. Ich mochte diesen Garten, in dem ich so etwas wie ein Sinnbild unserer Liebe sah. Rechts die große stille Rasenfläche, zum Abhang hin eingefriedet von einer alten Mauer und links die üppige Welt von Blumen und Ranken, Beeten, Büschen und Wegen, die zum Abhang hin offen und nach vorne durch ein Portal zu begehen war, das die Intimität dahinter zum Ausdruck brachte. Gestern abend hatten wir einen Fuchs auf der Mauer sitzen sehen. Er hatte da gesessen und ins Tal geschaut, als gäbe es uns Menschen nicht. Dann war er aufgestanden und davon gerannt, ohne uns auch nur eines Blickes zu würdigen. Daran dachte ich, als sich plötzlich eine Hand auf meine Hüfte legte. Ich drehte mich nicht um. Ich legte meinen Arm um sie und zog sie an mich. Wir schwiegen, nur die Stille war beredt. Und in diese Stille hinein hörte ich sie nun sagen:

»Juli ist krank.«

»Wie, krank, hat er Fieber?«

Ich war zwar noch lange nicht fertig mit meinem Studium, doch fühlte ich mich bereits als Arzt. Und wenn mein Sohn krank gewesen wäre, dann hätte doch auch ich es bemerken müssen.

»Nein, kein Fieber – es ist mehr!«

»Franzi, beunruhige dich nicht. Für mich ist er wie immer«, sagte ich und strich ihr über die Haare.

»Ja«, flüsterte sie, »wie immer; das ist es, was ich meine.«

Nun war ich vollends verwirrt und – ich verhehle es nicht – beunruhigt.

»Du sprichst in Rätseln.«

Da blickte sie zu mir hoch und mir direkt in die Augen. Nie zuvor hatte sie mir einen klareren Blick geschenkt.

»Er entwickelt sich nicht. Er ist nicht normal«, sagte sie.

Dann fiel ihr Kopf an meine Schulter und Franzi weinte.

17

Sie weinte nicht, sie schluchzte. Sie schüttelte sich förmlich in meinem Arm. Sie schrie. Bis dahin hatte der größte Schmerz ihr stets nur stille Tränen über das unbewegte Gesicht gejagt, als wäre in ihrem Kopf ein Wasserhahn aufgedreht worden, während alles sonst an ihr unbeteiligt blieb.

»Franzi, was ist los? Was beunruhigt dich?«, rief ich.

Doch meine Stimme ging unter in ihrem Geschrei. Sie hörte mich nicht. Und mehr noch: Sie löste sich mit einem Mal aus meiner Umarmung und warf sich in die hinterste Ecke des Balkons. Dort kauerte sie auf dem Boden, den Rücken an die Brüstung gepresst und sah mich an. Ich erschrak vor dem Hass in ihrem Blick, den ich noch nie zuvor gesehen hatte. Ich wollte zu ihr gehen, um sie zu beruhigen, doch sie stieß mit ihrem Fuß nach mir.

»Lass mich in Ruhe!«, brüllte sie.« Lass mich weinen! Lass mich weinen und verschwinde!«

Was sollte ich tun. Ich war verletzt und fühlte Panik. Im Esszimmer hatte ich den Frühstückstisch gedeckt, ich hatte die Espressomaschine angeworfen, Orangen für einen frischen Saft und Brötchen zum Aufbacken bereitgestellt. Um sie nicht aufzuwecken war ich auf den Balkon hinausgetreten und hatte mich ruhig verhalten. Ich hatte ihr eine Freude machen wollen und eher mit einem Kuss der

Dankbarkeit gerechnet. Doch das war wohl gründlich daneben gegangen. Plötzlich war sie ein anderer Mensch, den ich nicht kannte. Sie hörte zu schreien auf, ihr Körper schien sich zu beruhigen, doch ich sah, dass sie immer noch weinte. Gerade dachte ich:

»Da ist sie wieder, so kenne ich sie!«, da sprang sie auf und rannte an mir vorbei, zurück ins Haus.

Ich folgte ihr mit einem gewissen Abstand, den ich in der Situation für ratsam hielt. Sie lief ins Schlafzimmer und begann ihre Sachen zu packen.

»Was ist los, Franzi?«, stieß ich hervor, »Willst du gehen? Wo willst du hin? Was hast du vor? Möchtest du, dass wir nach Hause fahren? Franzi! Franzi!«

Auch mir standen nun die Tränen in den Augen, die ich nicht mehr zu unterdrücken in der Lage war.

»Ich liebe dich doch!«, rief ich hilflos und verzweifelt.

Sie packte hastig und warf ihre Sachen in die Tasche. Dann sank sie auf das Bett und umarmte Julian, der mittlerweile mit weit aufgerissenen Augen die Situation betrachtete. Sie holte eine Brust heraus und gab sie ihm zu trinken. Er schloss die Augen als wollte er einschlafen, während er begierig sog. Ich stand die ganze Zeit daneben wie ein schlechter Statist, der nicht wusste, was er tun sollte und dessen Anwesenheit man völlig vergessen hatte. Durch das dünne Nachthemd hindurch sah ich ihren heftigen Herzschlag, der sich in der Halsschlagader, die dick herausgetreten war, fortsetzte. Jetzt machte ich mir vor allem große Sorgen um sie. Sie begann, mit dem Kind zu sprechen, Worte zu summen wie in einem Schlaflied. Nun sang sie deutlich:

»Zwei Leben, ein Feuer und Angst vor dem Feuer.
Vielleicht werden Träume nun wahr.«

Das erinnerte mich an etwas. Und mit einem Mal wusste ich, woran: Es war ihr aufgeschlagenes Tagebuch, das ich kurz vor Julians Geburt auf dem Tisch unserer Küche gefunden hatte. Ja, ich erinnerte mich. Der Text hatte mich mehr beeindruckt als beunruhigt:

Dem Tod eine Schneise schlagen
und das Leben hindurch peitschen …
Das ist das Glück – Zwei Leben, die ich lebe.
In den Einzugsbereich des Feuers will ich mich legen
und darauf warten, dass es mich erfasst.
Ich habe Angst, dass meine Träume wahr werden.

Julian hatte zu Ende getrunken und war neben ihrer entblößten Brust eingeschlafen. Und nun wurde ich von einem unerträglichen Begehren erfasst, das mich schier zu zersprengen drohte. Ich warf mich auf das Bett und rollte über sie. Sie versuchte, sich zu wehren. Sie schlug nach mir, doch ich spürte es nicht. Ich nahm es am Rande wahr, wie man einen trivialen Film im Fernsehen wahrnimmt, während man mit etwas ganz anderem beschäftigt ist, dessen Geschehen man zwar verfolgt, aber nicht wirklich an sich heran lässt. Sie riss mir Büschel meines Haars aus und zerkratzte mir das Gesicht. Sie trat und biss mich. Ich spürte es nicht. Ich riss ihr das Hemd vom Leib und vergewaltigte sie als wollte ich sie mit meiner Männlichkeit erstechen. Ich spürte, wie sie nachgab und mich dann über sich ergehen ließ. Mein Orgasmus schlug mir durch den Körper wie ein physischer Schmerz, der vom Kopf bis zu den Füßen mein gesamtes Nervensystem einbezog; ein Gefühl, das ich mit dieser Gewalt noch nie zuvor erlebt hatte und das ich auch später nie wieder so erleben sollte. Für einen Moment verlor ich das Bewusstsein. Als ich wieder zu mir kam, lag sie von mir abgewandt neben mir. Sie weinte nicht, doch spürte ich ihre Trauer.

»Nun ist alles verloren!«, dachte ich.

Ich hatte den Mut nicht, sie anzusprechen oder sie zu berühren. Doch nun weinte ich. Ich lag neben ihr und weinte, und sie tröstete mich nicht. Sie blieb von mir abgewandt. Noch in der nächsten Stunde verließ sie mich. Sie wickelte den Kleinen, zog ihn an und verschwand dann ins Bad. Ich war mittlerweile auch aufgestanden und stand hilflos da. Sie duschte, kam zu mir heran, stellte sich auf die Zehenspitzen und küsste mich auf den Mund. Dann drehte sie sich um und ging. Ich hörte ihre Schritte auf der Treppe verhallen. Ich hörte das automatische Garagentor sich öffnen. Ich hörte den Motor des Wagens anspringen. Ich hörte das Garagentor sich schließen und das Geräusch des Autos sich langsam entfernen. Ich stand wie betäubt.

18

Dann machte ich ganz banale Dinge, während ich mich gleichzeitig misstrauisch dabei beobachtete. Ich war traurig und wütend. Ich sagte:

»Wie komme ich hier Bitteschön weg? Ich soll wohl zu Fuß gehen, was?«

Dann ging ich mich duschen. Ich drehte das Wasser zu heiß auf und ließ es mir über den Körper laufen, bis dieser brandrot wie gekochtes Schweinefleisch war, dann drehte ich das heiße Wasser weg und ließ den eisig kalten Strahl über mich hinwegkrachen, nur um etwas zu empfinden. Es fiel mir schwer, mich in der Realität zu sehen. Mechanisch setzte ich mich an den gedeckten Tisch. Ich aß und trank mehr als sonst, doch ohne Genuss und ohne Bewusstsein. Dann setzte ich mich vor den Fernseher und schaltete von einer Sendung zur nächsten, bis ich schließlich einschlief. So lebte ich drei Tage vor mich hin. Ich räumte nicht auf, spülte nicht, überall lagen Essensreste und Kleidungsstücke herum. Auch Bücher waren dabei, die ich ausgeräumt hatte, um sie zu lesen, um mich zu zerstreuen, und die ich dann, als das nicht gelungen war, weil ich mich nicht hatte konzentrieren können, achtlos einfach liegen gelassen hatte. Ein Telefonanruf von meiner Mutter brachte mich wieder zu mir. Sie wollte wissen wie es uns geht, wo und wie wir Julians Geburtstag feiern wollten und wie ich mit meiner Arbeit für die Uni zurecht käme.

»Ja,ja, es geht uns gut! Geburtstag? Nein, lass mal, das entscheiden wir spontan. Wahrscheinlich nichts Großes. Er kriegt es ja noch gar nicht richtig mit. Ja, die Arbeit geht voran. Ansonsten alles klar. Nein, mit Franzi kannst du gerade nicht reden, die ist mit Juli draußen im Schnee.«

Ich legte auf und sah mich um. Was für ein Saustall! Während ich mich ans Aufräumen machte, überlegte ich, wo Franzi wohl sein mochte. Wahrscheinlich war sie zu ihren Eltern gefahren. Die fragten nicht viel, und wollten nichts wissen. Wenn Franzi da war, war sie da, und wenn sie weg war, war sie weg. Eigentlich dachte ich, sie wäre nach Hause in unsere Wohnung zurückgekehrt, aber wenn ich jetzt so darüber nachdachte, dann wäre das eher unwahrscheinlich gewesen. Ganz sicher hätten meine Eltern sie gefragt, was vorgefallen wäre und weshalb sie ohne mich zurück käme. Tatsache war, dass ich keine Ahnung hatte, wo sie und Julian sich aufhielten.

19

Mir war, als wäre ich in ein dunkles Loch gestürzt, aus dem ich nie mehr herausfinden würde. Ich fühlte mich wie damals, nachdem ich erfahren hatte, dass meine Eltern nicht meine richtigen Eltern waren. Von da an hatte ich über Jahre hinweg einen regelmäßig wiederkehrenden Traum, der mich zunehmend ängstigte. Oft wünschte ich mir vor dem Einschlafen gute Träume, und »bitte, bitte, nicht den einen!« Oft, wenn ich dann eine Weile das Glück hatte, verschont zu bleiben und nicht mehr daran dachte, überfiel er mich wieder in meinem Schlaf, warf sich förmlich über mich. Ich befand mich in einem dunklen Kellergewölbe. Ich trat durch eine Türe und stand in einer anderen Kammer. So durchmaß ich einen Raum nach dem anderen und gelangte schließlich in den definitiv letzten, aus dem es nicht mehr weiter ging. Dann ging ich zurück. Ich wollte nach draußen, wo es hell war. Doch der Ausgang kam nicht. Ich dachte, ich hätte mich wohl verlaufen, eine Türe übersehen und den falschen Weg gewählt. Also durchmaß ich erneut die Räume bis ich tatsächlich in einem eine zweite Türe fand, durch die ich nun ging. Wieder setzte eine Wanderung durch dunkle Gewölbekammern ein, die einander so sehr glichen, dass ein Wiedererkennen unmöglich war. Schließlich langte ich in einer kalten und feuchten Felsenhöhle an. Alles war schmutzig, erdig und stank nach Moder. Schnell wollte ich hier wieder heraus aus diesem Loch, doch fand ich nun keinen Ausgang mehr. Ich hatte Angst und tastete die Wände ab – ohne Erfolg. Schon wurde das Atmen schwer, als sich die Wände auf mich zu bewegten. Ich bekam keine Luft mehr und erstickte. Mein Tod war das Erwachen. Daran musste ich nun denken, denn genau so fühlte ich mich jetzt. Allein und ohne Ausweg; und das Erwachen wäre mein Tod.

20

Heute verstehe ich es. Ich verstehe sie und die Logik ihres Handelns. Aber damals, am Anfang, der kein Anfang war, sondern mitten drin in der Tragödie unseres Daseins, begriff ich nichts von all dem, was mir da widerfuhr. Und dann bekam ich einen Brief von Franzi, dessen Grundgedanke immer mehr Besitz von mir ergriff. Mit ihm schließlich wurde der ultimative Countdown eingeläutet.

Robert, mein einziger Geliebter, kennst du diese Geschichte? Lies: Siegmund ist auf der Flucht. Erschöpft und ohne Waffen klopft er an Hundings Haus, in der Hoffnung, dass ihm Unterschlupf gewährt wird. Die Hausherrin Sieglinde öffnet ihm die Türe und lässt ihn eintreten. Ihr Mann Hunding ist nicht zu Hause und der Fremde gefällt ihr. Auch sie gefällt ihm. Auf den ersten Blick verlieben sie sich ineinander Als Hunding zurück kehrt, stellt er fest, dass seine Frau einem Feind Zuflucht gewährt hat. Das Gastrecht zwingt ihn, Siegmund für die

Nacht zu beherbergen, doch ordnet er für den folgenden Morgen ein Duell an, das zwischen ihm und Siegmund entscheiden soll.

Sieglinde bereitet Hunding einen betäubenden Trank und schleicht sich, nachdem ihr Mann eingeschlafen ist, zu Siegmund. Sie erzählt ihm von einem Schwert in einer Esche, das nur dem bestimmt sei, der es herausziehen könne und das seinen Besitzer unbezwingbar mache. Siegmund gelingt es, und er besiegt Hunding. Das Schwert nennt er fortan Notung, weil es ihm aus der Not geholfen hat.

Siegmund und Sieglinde sind Geschwister, Zwillinge; ihr Vater ist Gott Wotan. Ohne ihre Herkunft zu kennen, werden die beiden ein Paar. In ihrer inzestuösen Liebe entsteht Siegfried, der stärkste Held aller Zeiten. Er bezwingt einen gefährlichen Drachen und badet in seinem Blut. Dadurch wird er unbesiegbar – fast, denn ein Blatt fällt vom Baum und legt sich auf seine Ferse …

Ich habe einen Gen-Test machen lassen. Nur so können wir sicher sein, ob wir wie Mann und Frau zusammen bleiben können oder uns trennen müssen. Vielleicht sind wir Geschwister. Wenn die Ergebnisse da sind, dann sehen wir weiter. Wenn ich zu dir zurückkomme, ist alles in Ordnung. Warte so lange auf mich. Wenn es anders ist, dann will ich nicht mehr leben. Dann ist alles aus. Ich kann ohne dich nicht leben, das wird mir jetzt klar, wo ich nicht bei dir bin, und ich will und werde es nicht lernen.

In ewiger Liebe, Franzi

21

Was für ein Brief! Was für eine Vermutung! Hatte ich nicht selbst schon lange insgeheim einen Verdacht, der genau in diese Richtung ging? Dennoch fühlte ich mich, als wäre eine Bombe eingeschlagen. In meinem Kopf schlug ein Presslufthammer. Es gab genetische Tests, die sehr genaue Abstammungsanalysen ergaben. Als angehender Arzt wusste ich natürlich davon. Ich wusste auch, dass man bei begründetem Verdacht zu einem derartigen Test gezwungen werden konnte. Ich versuchte, mich innerlich zu beschwichtigen. Vielleicht war unser Sohn ja auch gar nicht geschädigt. Dann gäbe es auch keinen Verdacht und keinen obligatorischen Test. Natürlich war uns kein Vorwurf zu machen, da wir selbst nichts gewusst hatten. Die Schuld traf andere, sodass uns kein strafrechtliches Vergehen nachgewiesen werden könnte. Wir würden uns dumm stellen müssen, für unseren Sohn. Wenn man den Worten ihrer Mutter glauben schenken durfte, woran es keinen Anlass zu zweifeln gab, dann war Franzi der gleiche »Spätzünder« wie Julian. Auch sie hätte immer nur mit großen Augen da gelegen, als sähe sie nichts und alles, so ihre Mutter. Nicht immer sind Inzuchtkinder geschädigt. Ich wusste, dass sie, sofern sie gesund wären, oft widerstandsfähiger und intelligenter waren als andere. Ich sagte mir, dass schließlich genau mit diesen Erkenntnissen bereits seit hunderten von Jahren gearbeitet wurde; in der Hundezucht zum Beispiel. Man kreuzte ganz bewusst Tiere aus einem Wurf, um neue Zuchtlinien zu kreieren. Zumeist waren die Nachkommen der Geschwister nicht zeugungsfähig, doch wenn sie es waren, ergab es eine hervorragende neue, gesunde und kräftige Nachkommenschaft. Daran dachte ich und gleichzeitig schämte ich mich, dass ich uns und unseren Juli mit Hunderassen verglich. Weder wusste ich, ob das Kind geschädigt war, noch ob Franzi und ich Geschwister waren. Doch seit ich den Brief kannte, wuchs in mir eine so gewaltige Beinahe-Gewissheit, die schon lange als Ahnung in mir geschwelt hatte. Ich wollte es nicht wirklich wissen, und ich wollte es nicht an mich herankommen lassen. Nein, ich wollte so weiter machen, wie bisher. Wenn wir nicht daran rührten, käme die Lawine auch nicht ins Rollen. Am besten wäre es, Julians Entwicklung genau zu beobachten, ihn bestmöglich zu fördern und kein weiteres Kind mehr in die Welt zu setzen. Dann käme auch niemand mehr auf die Idee, dass wir Geschwister sein könnten. So dachte ich damals.

Franzi

1

Beim ersten Blick war alles klar. Ich hatte noch nie einen Freund gehabt, und auch noch nie Sex mit jemandem, aber als ich da in der Disco neben ihm saß, und er mich ansah, war es einfach keine Frage mehr. Ich glaube, ich habe gar nichts gedacht in diesem Augenblick. Er hat meine Hand genommen und mir war, als bekäme ich keine Luft mehr. Eine heiße Explosion in meiner Brust nach der anderen hat mir regelrecht den Verstand geraubt. Ich liebte ihn bereits, als wir uns das erste Mal sahen. Ich war wie zu Hause angekommen. Eigentlich hatte ich gar keine Lust mit Steffi nach Berlin in die Disco zu fahren. Ihr Freund hatte mit ihr Schluss gemacht, und ihre beste Freundin, die sonst mit ihr gefahren wäre, lag mit einer Angina im Bett, also fragte sie mich. Ich weiß, dass auch sie keine Lust hatte, mich mitzunehmen. Sie fand mich langweilig und hässlich und schämte sich dafür, mit so einer peinlichen Provinzlerin gesehen zu werden. O. K. ich bin langweilig und sah auch nie besonders gut aus, aber es war mir egal. Ich sagte ja, und ging mit. Wahrscheinlich wäre es mir zu mühsam gewesen, nein zu sagen. Es hätte sich nicht gelohnt. Sie hätte gefragt, warum, und dann hätte ich reden müssen. Ich hätte ihr sagen müssen, warum ich nicht wollte, und sie hätte es nicht verstanden. Welcher Sinn liegt darin, etwas zu erklären, wenn man schon von vorneherein weiß, dass die Erklärung nicht verstanden wird. Steffi mochte mich nicht, aber sie fragte mich und ich ging mit. So einfach war es. Ich war immer zu dürr, hatte nie einen Busen und war immer ein bisschen zu blass. Meine Haare gelten als blond, aber tatsächlich sind sie farblos. Dünn, wie ausgefranstes Garn und farblos. Meine Augen hingen immer riesig und blass wie Seen im Nebel in meinem Gesicht. Außerdem hatte ich – und habe ich immer noch – das, was der Zahnarzt »Überbiss« und die Kinder in der Schule »Hasenzähne« nannten. Sollten sie doch. Auch das war mir egal. Ich wollte nichts von ihnen, solange sie mich in Ruhe ließen. Ich wollte von niemandem etwas. Ich war, das weiß ich jetzt und wusste ich instinktiv schon immer, ein depressives Kind. Die Depressionen schaffen mich. Ich weiß, dass meine Mutter mich nicht freiwillig abgegeben hat. Das tut mir eigentlich gut, aber es hilft nicht wirklich. Sie tut mir so Leid. Meine Adoptivmutter kann dafür nichts, auch mein Vater nicht. Sie wollten ein Kind. Das ist keine Sünde. Und als sie mich zugeteilt bekamen, freuten sie sich. Soll ich ihnen vorwerfen, dass sie damals nicht danach fragten, woher ich kam? Wahrscheinlich wussten sie es irgendwie. Zumindest wussten sie, dass die ganze Sache nicht in Ordnung war. Sie kannten die DDR. Mein Vater war immer ein Linientreuer gewesen. Dabei rechne ich ihm zugute, dass er mit Leib und Seele Sozialist war. Sie hatten mich adoptiert, das stand außer Frage. Ich hatte es immer gewusst. Meine Eltern sprachen zwar nicht viel, aber sie waren ehrlich. Später halfen sie mir, nach meiner Mutter zu suchen. Sie waren es auch, die heraus bekamen, dass meine Mutter im Knast gestorben war. Damals hatte mein Vater gesagt:

»Tot«, nur dieses eine Wort: »Tot«.

Da war alles drin. Dann strich er mir im Vorbeigehen über den Kopf, und ich dachte:

»Nicht weinen, Franzi, bloß nicht weinen.«

Ich war sehr traurig darüber, dass sie verstorben war. Seltsamer Weise erinnere ich mich daran, dass irgendwo weit entfernt eine Maschine zu hören war, als er das Wort sagte. Tot. Das Wort war wie ein Teil des Motorengeräuschs. Und ich hörte im Kopf und im Bauch den Rhythmus der laufenden Maschine wie einen Herzschlag. Als wäre es der Herzschlag meiner Mutter, der Tot, Tot, Tot, schlug. Manchmal wenn ich Musik höre, und es ist ein Bass dabei, spiegelt sich der Bass in mir wider. Nicht die Musik, nur der Bass. Tot! Tot! Natürlich spiegelt sich ein Geräusch nicht, schließlich ist es kein optischer, sondern ein akustischer Vorgang. Ein Widerhall, ein Echo, aber für mich war es immer der Spiegel, in dem ich mich erkannte, in dem ich mich nicht ertragen konnte und bis heute nicht ertrage. Manchmal, wenn ich mich so wider gespiegelt erkenne, muss ich weinen und denke, dass ich nie mehr damit aufhören kann zu weinen; als wäre ich auf einmal im Schmerz zu Hause, oder als wäre ich nur auf der Welt, damit das Unglück in der Welt bliebe. Nie hat jemand gemerkt, wie es mir wirklich geht. Darin bin ich nämlich ziemlich gut, mir nichts anmerken zu lassen. Das schützt, und es war mir stets wichtig, mich selbst zu schützen. Die meisten Leute hielten mich für dumm. Bis auf meine Eltern. Denen war es egal, ob ich dumm war oder hässlich oder nicht. Sie hatten mich so gern, wie ich war. Aber ich weiß, dass ich alles andere bin als dumm. Überhaupt wussten immer alle, wie ich angeblich wäre, was ich denke und was für mich das Beste wäre. Aber auch das war mir tatsächlich alles egal. Ich wollte von niemandem etwas, nur von ihm, der mich sofort erkannte. Ich sprach nur deshalb nicht, weil ich dachte, dass es sich nicht lohnte, weil es sowieso nichts geändert hätte. Auch hätte das Reden meine Gedanken unterbrochen, und das empfand ich immer als Störung. Einmal wurde ich einer Schulpsychologin vorgestellt. Sie sagte, ich müsste mich selbst mögen, und dass meine Niedergeschlagenheit mich daran hinderte, mich selbst zu mögen. Ich fragte mich, ob und wo sie das gelesen hätte, aber ich schwieg. Ich fragte mich und nicht sie. Ich dachte mir, dass im Gegenteil, die Depression sogar ein Beweis dafür wäre, dass ich mich liebte. Ich war traurig, weil mir das kleine Mädchen, das ich war, Leid tat. Ich liebte mich vielleicht mehr als mancher andere, mehr als die Psychologin, die einen fremden Schmerz brauchte, für ihr Glück, weil ich unter anderem für ihren Lebensunterhalt sorgte. Ich war Teil ihrer ökonomischen Grundlage, um es mit ihren geschwollenen Worten auszudrücken, die sie immer brauchen, um sich als intelligent zu empfinden und ihrer Umwelt als kompetent darzustellen. Ja, ich habe mich immer geliebt. Ich war traurig meinetwegen. Ich habe mich mit einer unendlichen Sehnsucht selbst gesucht. Ich habe mich aufgespürt und mit großer Verzweiflung geliebt. Wer kann das schon von sich sagen. Wenn ich die Welt ohne Illusionen sehe, dann deshalb, weil ich die Lüge hasse. Gelogen haben sie alle, und sie tun es noch. Ich kann mich noch daran erinnern, wie sie mich zum Zahnarzt schickten. Der überwies mich an den Kieferorthopäden. Dort sollte mir ein Klammer verpasst werden. Dann wäre ich vielleicht schöner geworden. Aber ich dachte damals:

»Das bin ich, mit genau dem Gebiss, und wenn sie es verändern, dann sehe ich mich nicht mehr, wenn ich aus meinem Gesicht heraus in mein Gesicht sehe. Dann bin ich schon drin in der Lüge und komme nie mehr heraus.«

Also machte ich einfach meinen Mund nicht mehr auf. Mein Vater, beziehungsweise mein Stiefvater konnte mich verstehen. Er sagte nichts, aber ich wusste, dass er mich verstand.

2

Meine richtige Mutter hieß Nina Liebig und war eine geborene Engelhardt. Sie war verheiratet mit einem Karl Liebig, der beim Versuch, in den Westen zu gelangen, erschossen wurde. Die Geschichte begann lange vor meiner Geburt. Meine Mutter war erst achtzehn und mein Vater zwanzig, als die beiden heirateten. Niemand außer ihnen wusste, dass sie zu diesem Zeitpunkt bereits schwanger war. Sie wollten weg aus der DDR und stellten einen ganz normalen Antrag auf Ausreise in die BRD. Der wurde nicht nur nicht bewilligt, sondern von da an begann ein Spießrutenlauf, der es in sich hatte. Ihre Wohnung, die aus einem einzigen Zimmer und einer kleinen Küche bestand, wurde observiert und war, wie später festgestellt wurde, völlig »verwanzt«. Einzig in der Toilette, auf der Zwischenetage eine halbe Treppe tiefer, die sie sich mit anderen drei Parteien teilten, wurden sie nicht abgehört. Nina und Karl, der die Machenschaften des Machtapparats kannte und ein misstrauischer

Mensch war, sprachen in ihrer Wohnung nur Belanglosigkeiten miteinander, und wenn sie sich über Dinge unterhielten, die nicht für fremde, feindlich gesinnte Ohren bestimmt waren, taten sie es außerhalb des Hauses, bei Spaziergängen, oder, wenn es sich nicht aufschieben ließ, auf der winzigen Toilette. Wenn sie sich liebten, taten sie es schweigend; Videokameras waren in der Wohnung nicht installiert. Eines Tages kam die Stasi und verhaftete Karl. Ihr eigener Nachbar hatte ihn denunziert. Er wurde abgeholt und nach Bautzen verbracht. Nina wusste nicht, wo er inhaftiert war, und hatte keine Ahnung, an wen sie sich in ihrer Not wenden sollte. Alle Versuche den Aufenthaltsort ihres Mannes in Erfahrung zu bringen, scheiterten an einer Mauer des Schweigens um sie herum, bis sie es aufgab. Zumal sie ganz andere Sorgen hatte. Sie spürte, dass ihr Kind nicht mehr lange auf sich warten lassen würde. Tatsächlich kam es fast einen ganzen Monat zu früh. Sie wollte dem Kind das schwere Leben ersparen, das es bei ihr und ohne Vater gehabt hätte, deshalb hatte sie schon lange vorher geplant, es vor der Charité auszusetzen. Ihrer Zellengenossin Elisabeth Völkl, mit der sie sich angefreundet hatte, erzählte sie, dass sie es völlig allein in ihrer Wohnung geboren hätte, um die Stasi nicht darauf aufmerksam zu machen. Dann hätte sie es gestillt, warm eingewickelt, heimlich morgens um fünf Uhr, als noch niemand auf der Straße war, zur Charité gebracht und dort vor den Eingang gelegt. Von einem Hauseingang aus, wo sie versteckt war, hätte sie gesehen, wie eine Schwester zum Frühdienst kam, das Baby, einen Jungen, aufgehoben hätte und mit ihm in der Charité verschwunden wäre. Danach wäre sie weinend die wenigen Schritte nach Hause gewankt. Auf dem Weg dorthin wäre ihr der Nachbar begegnet, der ihren Karl abgeführt hätte. Er hätte sie gefragt, warum sie weinte, sie sollte doch froh sein, den Kerl los zu sein. Der ganze Ausreiseantrag, das alles wäre doch wohl nicht auf ihrem Mist gewachsen. Er, der Nachbar wüsste das doch, und wenn sie wollte, dann würde er kommen und sie trösten. Sie müsste nur ein Wort sagen, dann wäre er da. Er hätte schon lange keine andere mehr im Sinn gehabt, als sie und er täte ihr ganz sicher weitaus besser, als dieser »Windhund«, wie er ihn genannt hätte. Nina hätte sich bedankt, wäre an ihm vorbeigegangen, die Treppe hinauf gerannt, hätte sich auf ihr Bett geworfen, auf dem noch die Spuren der Geburt zu sehen gewesen wären und hätte geweint. Sie hätte nicht gewusst, wie sie die nächsten Wochen überstanden hätte, die ihr wie Jahre vorgekommen wären, obwohl sie die Zeit aus ihrem Gedächtnis gestrichen hätte. Zwei Monate später wäre ihr Karl entlassen worden. Eigentlich hätte sie gedacht, dass sie ihn nie wieder sehen würde, doch dann hätte es an der Wohnungstüre geklingelt, und als sie aufgemacht hätte, wäre er auf einmal vor ihr gestanden. Sie hätte ihn schnell eingelassen, dann hätten sie einander umarmt. Er wäre noch schweigsamer gewesen als sonst. Geweint hätte er. Später, als er gewusst hätte, was mit seinem Sohn passiert war, hätte er gar nicht mehr aufhören können zu weinen.

»Diese Verbrecher!«, hätte er ein ums andre Mal gerufen. »Was haben wir denn getan, dass sie uns das antun? Nur weil wir hier weg wollen! Das ist doch keine Freiheit hier!«

Sie hätte ihn trösten wollen, doch er hätte es nicht zugelassen.

»Lass es, ich sollte dich trösten und finde keine Worte! Wer weiß, was noch alles mit uns passiert. Wahrscheinlich hat er es so sehr viel besser, als wenn du ihn behalten hättest. Sie hätten ihn uns sowieso abgenommen – staatlich verfügt!«, hätte er gesagt und sie in seine Arme genommen.

»Aber wir geben nicht auf! Wir werden ein gutes Leben in Freiheit haben. Du musst nur daran glauben und mir vertrauen. Ich werde dafür sorgen«, hätte er gerufen »Verlass dich darauf!«

In der folgenden Nacht wurde sie zum zweiten Mal schwanger, und als sie morgens aufwachte, war das Bett neben ihr leer. Karl war bereits tot. Er war alleine aufgebrochen, um den Weg in die vermeintliche Freiheit zu finden und an der Mauer erschossen worden. Und sie wusste es nicht.

3

Heute ist Berlin-Hohenschönhausen eine Gedenkstätte als Ort der Erinnerung für die Opfer kommunistischer Gewaltherrschaft in Deutschland. Die Gebäude der ehemaligen Haftanstalt stehen seit 1992 unter Denkmalschutz. Dort bin ich geboren, und dort starb Nina, meine Mutter. Eine Woche nach meiner Geburt, ohne mich jemals gesehen zu haben. Damals war es die zentrale Untersuchungshaftanstalt der Staatssicherheit der DDR, die von 1951 bis 1989 in Betrieb war und in der vor allem politische Gefangene inhaftiert waren. Auch meine Mutter. Wenn ich Elisabeth glauben kann, und daran gibt es für mich keinen Zweifel, dann bin ich ihr nicht ganz unähnlich. Das heißt, sie hat nicht viel geredet. Sie war schüchtern, ohne feige zu sein; denn auch ich bin nicht feige, aber es muss sich lohnen, und meistens lohnt es sich nicht. So sehr sie meine Mutter auch verhörten, sie schwieg. Stundenlang musste sie auf einem Stuhl sitzen, manchmal die ganze Nacht. Sie hielten ihr eine Lampe direkt ins Gesicht. Das Licht blendete sie, doch sie erlaubten ihr nicht, die Augen zu schließen. Wenn sie von der Müdigkeit eingeholt wurde, rissen sie ihr den Kopf hoch, damit sie nur ja nicht einschliefe. Aber sie sagte nichts. Sie wusste, dass er fliehen wollte. Nie hätte sie den Leuten von der Stasi etwas über sich und ihre Beziehung zu Karl verraten. Sie ahnte ja nicht einmal, dass er tot war. Sie vermutete ihn im Westen in der Freiheit und wartete sehnlich auf den Tag, an dem sie ihn wieder sehen würde. Aber die von der Stasi, von denen sie verhört wurde, wussten schon lange, dass er tot war Sie wussten, dass er schon am ersten Tag ihrer Inhaftierung erschossen worden war. Aber sie wusste es nicht. Sie träumte von ihm. Sie wollte ihn wieder sehen. Sie freute sich auf ihn; und sie wusste nicht, dass sie schwanger war. Viele Frauen hatten in der Haft keinen Eisprung wegen der psychischen Belastung. Sie war sehr dünn, und erst als ihr Bauch sich rundete, kam ihr der erste Verdacht. Außer mit Elisabeth sprach sie mit niemandem darüber. Und als sie Gewissheit hatte, wollte sie, dass man sie in die BRD abschob. Davon träumte sie. Dort würde sie Karl wieder sehen, und wenn dann ihr Kind geboren würde, dann wären sie eine richtige kleine Familie. Dass die politischen Verhältnisse sich eines Tages ändern könnten, daran glaubte sie nicht wirklich. Aber ihr größter Wunsch war, eines fernen Tages auch ihren Sohn kennenzulernen und mit Karl und den beiden Kindern in Freiheit zusammenzuleben.

4

Doch dann kam alles anders für meine Mutter. Alle ihre Träume verflüchtigten sich, und alle ihre Wünsche zerstoben in einem einzigen Augenblick. Elisabeth bekam Besuch von Frau Steinberg, einer ehemaligen Nachbarin. Eigentlich wollte sie gar nicht mit der Frau sprechen, von der sie stets vermutet hatte, seinerzeit denunziert worden zu sein. Doch sie wurde nicht lange gefragt, sondern in den Raum geführt, und dann mit der Besucherin alleine gelassen. Elisabeth wusste, dass jedes Wort, das fiele, registriert werden würde und überlegte sich sehr genau, worüber, was und mit welchen Worten sie sich unterhalten wollte. Von sich aus würde sie gar nichts sagen und sich lediglich darauf beschränken, zu antworten. Sie sagte »Guten Tag« auf Frau Steinbergs Begrüßung. »Den Umständen entsprechend«, auf die Frage nach ihrem Befinden und blieb wortkarg. Elisabeth fühlte den Blick auf ihrem Scheitel und hielt ihn aus.

»Ich denke wohl, wir haben uns nicht viel zu sagen. Ich sollte zurück in meine Zelle!«, sagte sie und stand auf.

Frau Steinberg hielt sie zurück.

»Setzen Sie sich doch wieder. Ich wollte ja nur wissen, wie es Ihnen geht«, rief sie und setzte nach: »Tut mir alles so Leid.«

»In Ordnung. War's das?«

»Sie sind doch mit Nina Liebig in einer Zelle, stimmts?«

»Ja … und? Kennen Sie sie?«

»Kennen? Nein, kennen wäre zu viel. – Sicher verstehen Sie sich gut!«

»Normal. – Und wenn schon.«

»Die Arme …! Das ist aber auch zu furchtbar!«

»Was? Was ist furchtbar? Hier drinnen geht es keinem gut!«

Allmählich wurde Elisabeth nervös. Sie hatte genug von der unsinnigen Unterhaltung, wollte es aber nicht zu deutlich zeigen. Sie saß der Frau gegenüber, der sie vermutlich ihre Inhaftierung verdankte, einem Spitzel der Stasi, und wäre am liebsten aufgestanden und in ihre Zelle zurückgegangen. Andererseits wollte sie nun wissen, was es mit Nina auf sich hatte.

»Na, die Sache mit ihrem Mann! Das muss sie ja furchtbar mitgenommen haben!«

Nun war Elisabeth hellhörig geworden. Da gab es etwas, von dem man wünschte, dass sie es Nina zutragen würde.

»Was ist denn mit ihrem Mann? Der hat doch wohl rüber gemacht!«, sagte sie und setzte schnell nach: »Nina hat davon nichts gewusst!«

»Ja ja, die Freiheit – oder was manche darunter verstehen!«, sagte die Steinberg und lächelte, doch ihre Augen blickten kalt und böse.

»Weit ist er ja nicht gekommen!«, sagte sie.

Sie schien die anschließende Stille zu genießen und lehnte sich zurück. Nun lag ihr Blick vollends auf Elisabeth.

»Was ist denn mit ihrem Mann?«, fragte diese und Frau Steinberg antwortete:

»Tot! An der Mauer erschossen! Beim Versuch in den Westen zu gelangen!«

Elisabeth rang ihre Erregung nieder. Sie stand auf.

»So, na dann ist er ja jetzt frei!«, sagte sie beherrscht.

Auch Frau Steinberg war aufgestanden.

»Sie sind ja ganz blass geworden! Haben sich wohl mit Frau Liebig befreundet. Die arme Frau, wo sie doch zu allem Überfluss auch noch schwanger ist.«

Elisabeth fragte sich, woher die Steinberg das wissen konnte und ihr war klar, dass sie tatsächlich nur als Spitzel hier saß.

»Was ist das für ein Staat, in dem man gezwungen wird zu bleiben, in dem man ermordet wird, wenn man weg will und wo es Leute gibt wie Sie, Frau Steinberg?«, stieß sie hervor. »Leben Sie wohl, sofern ihr Gewissen etwas Derartiges zulässt!«, sagte sie der Frau ins Gesicht, das den unverhohlenen Hass jetzt nicht mehr länger verbarg.

5

Zwei Tage später wurde ich geboren, und noch eine Woche später starb Nina. Elisabeth hatte sich fest vorgenommen, ihr nichts von dem Gespräch mit der Steinberg zu sagen und hielt durch. Doch am Abend kam Mauer herein, der normalerweise die Frauen zum Verhör abholte. Er blieb an der Türe stehen.

»Na, gutes Gespräch gehabt?«, fragte er Elisabeth.

»Geht«, kam die Antwort.

Sie hasste ihn und sein süffisantes Gebaren, das sich augenblicklich änderte, wenn er einer übergeordneten Person gegenüber stand. Dann schlug er sofort die Hacken gegeneinander und kroch fast auf dem Boden. Doch wollte sie ihn nicht verärgern. Er grinste.

»Und, wie hat's das kleine Frauchen aufgenommen?«

»Wie, was?«

»Na, dass ihr Hallodri auf dem Weg in die Freiheit Pech gehabt hat.«

Bis dahin hatte Nina nicht zugehört, aber nun sprang sie auf.

»Welcher Hallodri, von wem sprechen Sie?«

»Können Sie sich das nicht denken? Ihr Mann!«

»Was ist mit meinem Mann? Was ist mit ihm? Sagen Sie schon, was mit ihm ist! Bitte!«

»Lassen Sie sich das von ihrer Zimmerkollegin erklären!«, sagte er, grinste und ging.

Nina war nicht nur entsetzt, als Elisabeth ihr von ihrem Gespräch mit der Steinberg erzählte. Elisabeth sagte mir, sie hätte sich still auf ihre Pritsche gelegt und das Gesicht ins Kissen gedrückt. Sie hätte keinen Laut von sich gegeben und man hätte nur an ihren Schultern gesehen, dass sie weinte. Elisabeth wäre hinter sie getreten und hätte nicht gewagt, sie zu berühren, obwohl sie sie gerne getröstet hätte. Als Nina Wehen bekam, wäre sie es gewesen, die die Wachen gerufen hätte. Auch dann hätte Nina nur ganz leise gestöhnt und sich zusammengekrümmt.

»Elisabeth, ruf den Wachdienst!«, hätte sie gesagt, »Ich glaube, es kommt!«

Es, das war ich. Eine Woche später war sie tot. Gestorben, an gebrochenem Herzen. Einfach so. Sie hat mich nie gesehen, und ich habe sie nie gesehen. Aber ich trage sie in mir und werde sie so lange ich lebe in mir tragen.

6

Die Zellen in Hohenschönhausen waren zumeist Einzelzellen. Sie waren eng und nur mit dem Nötigsten ausgestattet. Dass Nina sich mit Elisabeth eine Zelle teilte, war ungewöhnlich, und die beiden Frauen waren zunächst misstrauisch darauf bedacht, sich der anderen nicht mehr als nötig anzuvertrauen, da sie sich gegenseitig für Spitzel halten mussten. Tatsächlich wurden sie unabhängig voneinander im Verhör über die Genossin ausgefragt. Doch ohne je darüber geredet zu haben, sagte eine jede nur Belanglosigkeiten, sodass der Plan, auf diesem Weg Druck zu erzeugen, schließlich ins Gegenteil verkehrt wurde. Die Frauen fassten Vertrauen zueinander und halfen sich allein durch ihre Anwesenheit über die größte Verzweiflung hinweg. Wer hier einsaß, wurde nicht gerade menschlich und respektvoll behandelt, auch wenn man sich der physischen Folter weitestgehend enthielt. Bewährte Mittel um einen Häftling »weich zu kochen«

waren Nahrungs- und Schlafentzug bis sie jedes Geständnis unterschrieben, das man ihnen zur Unterschrift vorlegte. Auch mit Lügen über die Angehörigen wurden die inhaftierten Menschen gefügig gemacht, zum Beispiel:

»Wir wissen, dass dein Mann mit der Nachbarin schläft!«, oder, »Ihr Mann ist tot! Selbstmord!«, oder aber:

»Ihr Mann ist beim Versuch, in den Westen zu fliehen, an der Mauer erschossen worden.«

Das kam häufiger vor, als man dachte. Elisabeth empfand es als sehr merkwürdig, dass man ihr Frau Steinberg geschickt hatte, um Nina über den angeblichen Tod Karls in Kenntnis zu setzen. Sie war davon überzeugt, dass die Stasi etwas ganz anderes im Sinn hatte und auf diese Art und Weise Nina unter Druck setzen wollte. Sie sollte sich von ihrem Mann lossagen. Aber warum, wenn er doch tot war? Was wollte man noch von ihr? Für die Stasi war der Mann eigentlich unbrauchbar geworden, da sie sich ihres einzigen Druckmittels beraubt hatte. Nina jedenfalls glaubte zuerst nicht an seinen Tod. Sie dachte, dass es dann ja keinen Grund mehr gäbe, sie zu quälen, und dass die Tatsache, dass sie versuchten, sie weiter fertig zu machen, eher ein Beweis dafür war, dass er noch am Leben und seine Flucht geglückt wäre. Aber dann kam Mauer, dieser vollgefressene hämische Bösewicht, wie Elisabeth ihn nannte, mit einem Stapel Fotos und Zeitungsausschnitten. Darauf war ihr geliebter Karl zu sehen. Mit zerschossener Brust lag er im Dreck, und in jedem Zeitungsartikel war sein Bild abgedruckt. Nun musste Nina glauben dass er tot war. Elisabeth erzählte mir, dass sie sagte:

»Er sieht so aus als ob er lächelte.«

Danach hätte sie nichts mehr gesagt. Dann wären die Wehen gekommen und ich. Und als man noch nicht gewusst hätte, ob ich überleben würde, wäre sie schon tot gewesen. Ich frage mich oft, warum Menschen anderen Menschen etwas antun. Warum quälen sie, warum? Was haben sie davon. Ich werde es nie verstehen, dass man etwas derart Sinnloses macht, um anderen weh zu tun, nur um seine Macht zu zeigen. Was für eine erbärmliche Macht! Mein Vater, ich meine, der, den ich als meinen Vater kenne, mein Stiefvater sagte einmal:

»Deshalb ist die DDR gescheitert. Weil sie nicht den Menschen gedient, sondern sie unterdrückt und fertig gemacht hat, und das aus bloßer Willkür. Weil die Oberen nämlich selbst nicht an den Sozialismus geglaubt haben.«

Und meine Mutter sagte:

»Aber sie haben das System missbraucht für ihre eigenen Machtinteressen. Sie wollten, dass wir an sie glauben, und wir haben an sie geglaubt. Wir haben geglaubt und sind enttäuscht worden. Die waren korrupter als die im Westen. Weil sie dem Volk vorgemacht haben, dass es zu ihrem Besten ist, was sie ihm verordnen, und weil sie allen weisgemacht haben, dass sie besser sind, als der Klassenfeind in der BRD, keine Faschisten, sondern Sozialisten, die nichts als das Wohl des Volkes im Kopf hatten.«

Ja, so kann man es sehen. Sicher ist das alles richtig, was meine Eltern gesagt haben, aber mir nützt das nichts. Uns nützt das nichts. Wir wussten nicht, dass wir Geschwister waren und verliebten uns ineinander. Wir lieben uns. Wir sind ins Messer gelaufen. Wir werden daran zugrunde gehen.

7

Geahnt hatte ich schon lange, dass da was nicht stimmt bei uns. Wir waren uns einfach zu ähnlich. Als ich mich in ihn verliebte, war es keine Frage. Ich wollte bei ihm sein, sonst nichts. Ich liebte ihn, so wie er war und so wie ich war. Aber als ich schwanger wurde, packte mich der Schreck. Ich dachte zuerst, das kann nicht sein. Auf einmal hatte ich Angst, als wäre ich mit der Angst schwanger. Ich hatte die Pille genommen und ich hatte sie jeden Abend Punkt sechs mit einem immer gleichen Stumpfsinn genommen, ohne jemals darüber nachzudenken, warum ich das tat und was ich da nahm. Ich erinnere mich, dass ich an einem Abend was gegessen hatte, was ich nicht vertragen hatte. Wir waren auf einem Straßenfest im Dorf bei meinen Eltern gewesen. Da gab es einen Stand mit gebratenem Fisch, und ich hatte Lust darauf. Ich esse nie viel, aber das war gebratener Fisch, den ein Vietnamese, der unser Nachbar war, gemacht hatte. Schon als Kind mochte ich alles, was der gekocht hatte, und manchmal frage ich mich, warum er kein Gasthaus aufmacht, denn damit hätte er bestimmt großen Erfolg gehabt. Als ich mich später übergeben musste, dann bestimmt, weil ich nie vertragen habe, so viel zu essen. Ich bin daran einfach nicht gewöhnt. aber Nguyen Van Hung, den alle nur den alten Hung nannten und immer noch so nennen, ist für mich so was wie Nostalgie. Wenn ich schmecke, was er gekocht hat, dann bin ich im Früher. Dann bin ich auf dem Schoß von meiner Mutter oder manchmal auch bei meinem Vater. Dann rieche ich unsere Küche, in die der Duft von Knoblauch und Gewürzen von draußen hereinzieht. Ich weiß gar nicht, ob es mir dann gut geht, ich weiß auch gar nicht, ob ich das will, aber dann passiert in mir etwas, worin ich mich sehe. Also hab ich zu viel gegessen und musste mich übergeben. Und da war wohl die Pille mit dabei. So muss es gewesen sein. Anders kann ich es mir nicht erklären. Ich erinnere mich noch so genau daran, dass ich morgens aufwachte und daran dachte, was passieren könnte, wenn wir Eltern würden. Eigentlich nichts Besonders. Wir wollten sowieso zusammen bleiben. Wir hatten ein Dach über dem Kopf, wir waren nicht allein, wir hätten viele Kinder haben können; aber etwas in mir sagte mir, dass es nicht richtig wäre. Irgend etwas in mir war dagegen, wie und warum konnte ich mir nicht erklären. Andererseits war ich noch gar nicht sicher, ob ich schwanger wäre und versuchte, nicht daran zu denken. Und dann kam der Morgen, an dem ich aufwachte und mir so furchtbar elend war. Eigentlich war noch Nacht. Robert schlief, und es war stockdunkel. Auf einmal gab es einen Blitz und kurz darauf einen fürchterlichen Donnerschlag. Es war wie wenn der

Himmel ein Machtwort gesprochen hätte. Der Blitz erleuchtete sein Gesicht, das für mich das schönste Gesicht der Welt war, aber nun gab es so seltsame Schatten in dem Gesicht, dass es mit einem Mal etwas Dämonisches bekam. Ecken und Furchen wie Schluchten und Krater sah ich darin, und als ich dachte, dass mir das Angst macht, was ich da sehe, merkte ich, dass ich mich übergeben musste. Es zog mir einfach die Mundwinkel nach unten und mein Kinn fing zu zittern an. Mein Mund wollte aufbrechen, und ich rannte ins Bad, das ich gerade noch rechtzeitig erreichte. Draußen donnerte es und blitzte, und der Sturm fegte durch die Bäume. Dann war das Gewitter vorbei und es regnete nur noch und stürmte, im Kamin sang der Wind. Der Regen krachte aufs Dach und haute mit einem Geprassel wie Feuer gegen die Fensterscheiben, und ich hing über der Toilette als wäre ich selbst Teil einer gespenstischen Inszenierung. Mit einem Mal stand er hinter mir. Ich weiß nicht, wie lange er schon da gestanden hatte, und ich weiß nicht, wie lange ich schon über der Toilette gehangen hatte. Ich spürte ihn plötzlich. Er beugte sich zu mir herunter und streichelte meine Schultern. Er strich mir die nassen Haare aus dem Gesicht. Als ich nur noch Galle aus mir herauswürgen konnte, klopfte er mir vorsichtig auf den Rücken. Das half. Dann wusch er mir das Gesicht und zog mich aus. Nackt trug er mich zum Bett. Dort zog er mir ein frisches Nachthemd an, legte mich auf die Seite, drückte sich an mich – wir nannten das Löffelchen – und hielt mich im Arm. Als ich später aufwachte, lagen wir noch genau so da wie vorher als ich eingeschlafen war. Ich dachte, wie schön, dass er bei mir ist, wie gut, dass ich ihn habe, aber die Angst ist von da an nie mehr ganz von mir gewichen.

8

Seither habe ich Angst. Ich lebe in der Angst, und manchmal denke ich, dass ich nichts wäre, ohne diese Angst. Natürlich hätte ich mir ein anderes Leben gewünscht, aber dann wäre er nicht er, und ich wäre nicht ich. Tatsache ist, dass wir uns nicht ineinander verliebt hätten, wenn wir zusammen aufgewachsen wären. Wahrscheinlich hätten wir uns auch dann nicht ineinander verliebt, wenn wir bei unserem Kennenlernen schon gewusst hätten, dass wir Geschwister sind, aber alle diese Fragen sind unsinnig. Es ist müßig, sie zu stellen, da es keine Antworten gibt, und selbst wenn es Antworten gäbe, dann kämen sie jetzt zu spät. »Was wäre, wenn« ist nur eine Dummheit, die man sich ausdenkt, weil man die Realität nicht erträgt. Auch weil man sich selbst nicht erträgt, denkt man im Konjunktiv. Es ist die Vorstellung von einer Flucht. Noch nicht mal eine Flucht, nur die Vorstellung davon. Eine entworfene Utopie, sonst nichts. Ich denke mich im Konjunktiv, also könnte ich auch sein, was ich nicht bin. Aber man entgeht sich nicht. Man ist, wer man ist, solange man ist. Man hat eine Verantwortung, und der entgeht man nicht. Als wir wussten, wer wir waren und wie wir zusammengehörten, taten wir so, als gäbe es kein Zurück, und das war der Grund, weshalb es auch wirklich kein Zurück mehr gab. Wir wollten die Wahrheit nicht. Sie war nicht angenehm. Wir wollten keine Verantwortung, die wäre unbequem gewesen. Wir wollten uns lieben, sonst nichts. Alles andere war uns zwar nicht egal, aber wir taten so, als wäre es uns egal gewesen, bis es sich so anfühlte, als wäre es uns tatsächlich egal. Es war immer schon so ein merkwürdiges Gefühl in mir, wenn ich Juli ansah. Zuerst dachten wir alle, er sei blind, aber nachdem er untersucht war, war klar, dass er sehen konnte. Aber ich begreife bis heute nicht, dass keiner der Ärzte merkte, dass mit ihm etwas nicht stimmt. Ein Kind, das sich so wenig bewegt und meistens die Arme und Beine gerade ausgestreckt liegen hat, das kaum einen Laut von sich gibt und sich für nichts interessiert, ist doch nicht normal!

Aber immer, wenn ich Ärzte fragte, auch meinen Schwiegervater, da sagten sie, er wäre halt ein Spätzünder, was immer das bedeuten konnte. Auf die Idee, dass er inzuchtgeschädigt sein könnte, kam nur ich. Eigentlich schon lange vor seiner Geburt. Das werfe ich mir vor. Ich wollte nicht, dass wir heiraten. Ich dachte, dann müssten wir beide nachweisen, woher wir kämen. Ich konnte das, aber er nicht wirklich. Ich dachte, wenn die Herkunft unsicher wäre, würde man einen Gen-Test machen oder zumindest einen Bluttest. Aber nichts dergleichen. Einem Arztsohn traut man wohl nicht zu, dass er seine Schwester heiratet. Er besaß eine beglaubigte Geburtsurkunde; wie das zuging, kann ich mir gar nicht vorstellen. Bei den Zuständen, die in der DDR herrschten, hätte man doch zumindest damit rechnen müssen, dass solche Sachen möglich sind. Aber ich kann mich nicht aus der Verantwortung ziehen. Niemand ist Schuld außer der Regierung im Osten und ich. Ich bin Schuld! Ich hatte einen Verdacht und äußerte ihn nicht, weil ich Angst hatte, dass ich ihn verlieren könnte. Und das hätte ich nicht ausgehalten. Ich dachte an Abtreibung, aber irgendwie wollte ich es auch nicht. Ich habe den letztmöglichen Zeitpunkt dafür verstreichen lassen und mich von da an schuldig gefühlt. Ich hätte mich auch schuldig gefühlt, wenn ich abgetrieben hätte. Und wenn ich ihn verlassen hätte auf einen bloßen Verdacht hin, hätte ich mich auch schuldig gefühlt. Außerdem hätte er mich nicht gehen lassen. Er hätte mich gesucht. Er hätte mich überall gefunden, weil er es nicht ausgehalten hätte, ohne mich zu sein. Ich wollte, dass die Zeit still stehen bliebe, und überlegte oft, ob ich mich umbringen sollte. Das wäre die einzige Lösung gewesen. Als wir heirateten, war ich nicht glücklich. Er war glücklich. Er wollte glücklich sein, aber er sah mein Gesicht und begriff nicht, warum ich so still war. So traurig. Ja, traurig war ich, weil ich dachte, dass ich vielleicht meinen Bruder heirate, und ihm meinen Verdacht eigentlich sagen müsste, damit er eine Chance hat. Aber dann habe ich so getan, als wäre alles normal mit uns. Ich hatte so gehofft, dass unser Sohn nicht geschädigt wäre. Danach hätte ich dann einfach keine Kinder mehr bekommen und wäre darüber froh gewesen, dass keiner auf die Idee käme, dass da was nicht stimmte. Das Schicksal hatte allerdings kein Einsehen.

9

Damals, als ich ihn verließ, dachte ich, das wäre jetzt der letzte mögliche Zeitpunkt. Ich wachte auf und er war weg. Er stand auf dem Balkon. Ich sah seinen Rücken und hasste ihn mit einem Mal.

»Wie kann er so da stehen, als ob nichts wäre und ins Land schauen, als läge da draußen eine Lösung für unsere Probleme!«, dachte ich und hasste ihn.

Er lehnte mit den Ellenbogen auf der Balkonbrüstung. Das rechte Bein war ganz leicht nach hinten durchgedrückt, das linke Bein war im Knie angewinkelt hinter ihm, der Fuß ebenfalls angewinkelt und nur der große Zeh berührte den Boden. Das sah so seltsam aus, als wäre das linke Bein viel länger als das rechte. Ich weiß gar nicht, warum es mich aggressiv machte. Wahrscheinlich war es gar nicht das Bild, aber irgendwas darin sah unbekümmert aus, und das ertrug ich nicht. Ich riss mich zusammen. Ich dachte, dass er ja nichts dafür konnte, dass mich sein Körper von hinten so wütend machte und trat hinter ihn. Ich berührte seine Hüfte, umfasste sie, und einen winzigen Moment empfand ich ein warmes und gutes Gefühl für ihn. Er drehte sich nicht um, blieb so stehen wie zuvor. Er nahm nur einen Ellenbogen von der Brüstung, legte seinen Arm um mich und zog mich an sich. Wir schwiegen, und dann sagte ich:

»Juli ist krank.«

»Wie, krank, hat er Fieber?«

Ich weiß gar nicht, warum ich mich so ungeheuer genau an alles erinnere. Ich hätte ihn ohrfeigen können. Drauf hauen! Einfach nur drauf hauen! Hatte er denn gar nichts gemerkt? So einer will Arzt werden und merkt nicht, dass sein eigenes Kind krank ist. Ein

Arzt, für den Kranksein zwangsläufig mit Fieber verbunden ist! Ich sah Juli vor mir, wie er so da lag. Er war bald ein Jahr alt und lag nur da. Er krabbelte nicht, er griff nichts, er streckte seine Gliedmaßen von sich wie Stöcke, das wars. Manchmal dachte ich sogar, dass er vielleicht tot wäre, weil er so unbeweglich war, und weder er, noch sein Vater, der doch ein so großartiger Arzt sein wollte, merkten etwas. Natürlich erfuhr ich später, dass sie sehr wohl etwas gemerkt hatten und heimlich angefangen hatten, den Kleinen zu untersuchen. Sie wollten mich nur schonen, deshalb sagten sie mir nichts davon. An die Szene auf dem Balkon erinnere ich mich. Und dann musste ich furchtbar weinen. So, als wären literweise Tränen in mir drin, von denen ich bis dahin nichts gewusst hatte. Eine so schwere Traurigkeit schüttelte meinen Körper, den ich nicht mehr unter Kontrolle hatte. Noch nie in meinem Leben hatte ich so geweint. Ich hatte das Gefühl, den Verstand zu verlieren, in meinem Hals brannte es, als hätte ich Kletten verschluckt und meine Brust glühte wie eine frische Schürfwunde. Und dann war alles weg. Ab jetzt fehlt mir die Erinnerung, die bis dahin so genau ist. Ich weiß erst wieder, dass ich Juli die Brust gab. Aber so wie im Traum. Und er hat sich über mich geworfen. Mehr weiß ich nicht. Nur dass ich geweint habe und mich fühlte, als wäre ein kalter Stock in mir drin. Mein ganzer Körper war wie eingefroren, wie unter Eis. Am Abend kam ich bei meinen Eltern an; auch das war wie ein Traum. So vage und verschwommen, dass ich nicht mehr genau weiß, ob das auch wirklich alles wahr ist. Meine Eltern sagten nicht viel, aber sie sahen mich so seltsam an, als wüssten sie schon alles ganz genau. Da musste ich wieder weinen, und meine Eltern nahmen mich in den Arm. Beide! Und plötzlich wusste ich, wie lieb ich sie hatte. Ich liebte sie, weil sie nichts fragten, aber irgendwie alles verstanden. Mein Vater nahm dann Juli auf den Arm und trug ihn durch die Küche. Dabei summte er immer wieder das Wort »ja« während es mich vor Kummer fast zerriss.

10

Wenn ich jetzt über mein Leben, unser Leben, Julians Geschichte, nachdenke, kommt es mir vor, als hätte das Ganze entweder nicht stattgefunden, oder wäre anderen Menschen passiert. Vielleicht könnte es auch ein Film sein, den wir irgendwann einmal gesehen haben, und mit dem wir uns identifizierten, weil uns die Rollen sympathisch waren. Viele dieser Filme gehen direkt aufs Gemüt, sprechen dich gefühlsmäßig an und treffen auf etwas tief in dir drin, von dem du bislang noch nichts wusstest. So fühlte ich mich lange, ich war nicht in der Geschichte, ich meine, nicht als eine aktive Person, aber ich spürte sie in mir. Deshalb sah ich mir auch immer gerne diese Telenovelas an. Für mich waren es Märchen, in denen ich empfinden konnte, ohne darin leben zu müssen. Es ist Erinnerung, bevor man sich erinnert. Es gehört zu mir, weil ich die Empfindung gespürt habe, auch wenn sie außerhalb von mir stattgefunden hat. Das ist bestimmt nicht leicht zu verstehen. Und ich kann es nicht erklären. Ich kann nur das Gefühl beschreiben, aber nicht mehr. Als wäre es ein Stellvertreter für etwas in mir, das leiden will aber nicht darf. Es beschützt mich. Es ist wie bei der Sache mit Renate. Ich bin heute nicht mehr davon überzeugt, ob ich den Schmerz gespürt habe, als sie mir das Bügeleisen auf die Hand gedrückt hat. Ich weiß nur, dass er da war, ich sehe mich weinen, ich sehe ihr Gesicht, das in diesem Moment der Inbegriff der Hässlichkeit war. Ich sehe mich und sie. Aber den Schmerz kann ich mir nicht mehr vorstellen, in meiner Erinnerung ist er ausgelöscht, hat er nie stattgefunden. Das Bild wird stets in mir vorhanden und abrufbar sein, wie eine Telenovela, in der einem armen Mädchen so etwas passiert, und ich sehe es und leide mit ihr, aber außerhalb von mir. Dann werde ich zur Schauspielerin, die den Schmerz darstellt. Übrigens ist der Vorgang fast der gleiche. Die Schauspieler tun nur so, als ob sie den Schmerz empfinden könnten, aber sie tun es nicht. Sie denken sich in ihre Rolle hinein, aber sie werden sie nicht. Und doch transportieren sie etwas, was wahrhaftig ist, da es eine Wahrhaftigkeit auslöst, nämlich ein echtes Gefühl. Vielleicht hätte ich Schauspielerin werden können, wenn ich nicht so furchtbar schüchtern wäre. Ich kann mir alles vorstellen. Ich kann mir den Geruch von verbranntem Fleisch vorstellen. Er ist in meiner Nase, sehr real. Die Geruchsnerven erinnern sich. Der Schmerz ist immer etwas, was man sich nicht vorstellen kann; und das ist ein Trost. Wenn man den Schmerz nie mehr loswürde, dann könnte man wahrscheinlich nicht weiterleben. Allerdings, wenn ich angekokeltes Fleisch rieche, wenn zum Beispiel jemand im Garten grillt, dann wird mir schlecht. Und dann ist der Schmerz da, ich muss ihn mir nicht vorstellen, er ist da. Dann ist alles da, die ganze Situation. Deshalb meide ich den Geruch. Wenn gegrillt wurde, war ich nie dabei. Und im Havelhaus hat auch keiner mehr gegrillt, nachdem sie wussten, was dann mit mir passiert. Ansonsten ist es bei mir so, dass ich den Schmerz, das Empfinden des Schmerzes völlig vergessen kann. Ich kann es von mir abspalten. Dann läuft es neben mir her, aber es beherrscht mich nicht. Mich beherrscht nur die Angst. Die werde ich nicht los.

11

Der Gentest war positiv. Robert und ich sind Geschwister. Er ist der Sohn von Nina und Karl, und ich bin ihre Tochter. Wie sehr sich Nina immer gewünscht hatte, mit Karl und ihren zwei Kindern ein Leben in Freiheit leben zu können, erfuhr ich von Elisabeth. Was hätte sie wohl dazu gesagt, wenn sie gewusst hätte, dass eines Tages ihre beiden Babys einander kennen und lieben lernen sollten. Ich war meinen richtigen Eltern so nah, wenn ich an sie dachte. Mein Bruder! Mein geliebter Bruder! Ihn hatte sie wenigstens gesehen. Mich nicht, und fast war ich ein wenig eifersüchtig. Aber nur fast. Ihn hatte sie berührt. Sie hatte ihn gestreichelt und geküsst. Wie sehr ich mich danach sehnte, von ihr berührt worden zu sein. Auch wenn es nichts wirklich geändert hätte, die Sehnsucht war in mir wie ein dünner, glühender Eisendraht. Ihn hatte sie gewickelt, angezogen und warm eingepackt. Dann hatte sie ihn an sich gedrückt und war mit ihm im Arm zur Charité geschlichen. Und ich war, seit ich die Geschichte kannte, davon überzeugt, dass nie, zu keiner Zeit davor und danach ein Mensch mehr geliebt wurde als Robert auf diesem kurzen Weg zur Charité von Nina, unserer Mutter. Keiner sollte sie sehen. Nur eine einzige Frau war Zeugin der Szene. Ich konnte kaum glauben, dass es keinen Arzt oder Hebamme gegeben hatte, die ihr bei der Geburt geholfen, die das Kind abgenabelt, die junge Mutter, die selbst noch fast ein Kind war, gewaschen und sie medizinisch versorgt hatten. Ein zu früh geborenes Kind! Sie hatte es, wie sie Elisabeth erzählte, allein gemacht. Doch wie sie das bewerkstelligt hat, das wusste niemand. Ich wusste lediglich, dass sie das Kind vor die Charité gelegt, sich weinend in einem Hauseingang versteckt und beobachtet hatte, wie der Säugling aufgehoben und ins Haus getragen wurde. Als die Zeugin sie suchte, war sie verschwunden. Vielleicht wohnte sie ja in dem Haus. Die Zeugin klingelte noch an allen Türen, doch niemand wusste von einem jungen blonden Mädchen, das schwanger war. Wahrscheinlich hatte man von ihrer Schwangerschaft auch nicht viel gesehen. Bei mir war es genau so. Als ich im siebten Monat war, hat fast noch keiner gesehen, dass ich schwanger war, obwohl ich so mager war. Robert wurde fast einen Monat zu früh geboren. Gut möglich, dass niemand von Ninas Schwangerschaft etwas gewusst hatte. Es war alles so entsetzlich traurig. Und dass das Traurige jetzt so weiter gehen sollte und kein Ende in Sicht, das war schlimm. Als ich den Bescheid bekam war es keine Überraschung mehr. Wir waren Geschwister! Ich wollte ihn anrufen, aber ich konnte nicht. Ich hatte ihm geschrieben, dass ich einen Test hätte machen lassen. Ernst, sein Vater kannte einen Arzt, der in der Forschung arbeitete; an den hatte ich mich gewendet. Und dann hatte ich es schwarz auf weiß: Zu 99,99 % Geschwister. Ich weiß nicht, wer ihn angerufen hatte, wahrscheinlich niemand.

Aber er kam. Er wollte Klarheit. Er hatte es einfach nicht mehr ausgehalten und war zu meinen Eltern gefahren. Es klingelte, meine Mutter machte die Türe auf, und rief nach mir. Dann standen wir voreinander. Er wusste noch nichts. Er sah mich nur an, und mir wurde fast schwindelig vor Liebe, vor Angst und weil ich wusste, was er noch nicht wusste. Ich wusste, dass unsere Beziehung keine Zukunft mehr haben konnte. Ich stand vor ihm, wäre ihm am liebsten in den Arm gesprungen und traute mich nicht. Da zog er mich an sich und ich spürte wieder dieses Gefühl vom Zusammengehören. Diese gute Wärme, ohne die ich nicht mehr leben wollte. Wie sollte es denn weiter gehen? Es gab überhaupt keine Lösung. Ich löste mich aus der Umarmung und hielt ihn mit den Armen auf Abstand. Ich sah ihm in die Augen und sagte:

»Wir dürfen nicht zusammen sein. Wir sind verheiratet und haben ein Kind. Aber unsere Ehe darf nicht sein, und unser Kind wird nie alleine leben können. Es wird nie zur Schule gehen, es wird nie studieren und einen Beruf erlernen. Es wird nie Freunde haben außer uns. Es wird ein einsames trauriges Leben ohne Sinn führen und immer auf fremde Hilfe angewiesen sein.«

Er war überrascht. Doch nicht von der Mitteilung, sondern von mir. Er hatte noch nie so eine lange Rede von mir gehört. Dann wurde sein Gesicht grau. Ja, es wurde von einem richtigen grauen Schleier überzogen. Er sah wie erschlagen aus. Er tat mir Leid. Gerne hätte ich ihm etwas anderes gesagt. Mich traf es nicht weniger als ihn. Er sagte nun:

»Unser armer kleiner Juli!«

Mehr sagte er nicht. Er war einfach nicht dazu in der Lage. Wir setzten uns zu meinen Eltern in die Wohnküche und schwiegen. Manchmal hörte ich meinen Vater seufzen. Meine Mutter holte Bier aus dem Kühlschrank. Ich stand auf und holte Gläser, schnitt Brotscheiben, Käse und Wurst ab, belegte Teller damit und deckte den Tisch. Robert nahm unser stilles Kind aus seinem Bettchen, wiegte es hin und her und küsste es. Wie sanft er mit ihm umging.

Es tat mir weh, ihn dabei zu betrachten. Die beiden Menschen, die ich mehr liebte als ich jemals geglaubt hatte, überhaupt lieben zu können. An diesem Abend sprachen wir nicht viel. Mein Vater fragte:

»Und wie gehts jetzt weiter?«

Er bekam keine Antwort und erwartete auch keine. Meine Mutter fragte:

»Wissen es Ute und Ernst?«

»Nein, meine Eltern wissen noch nichts. Sie wollen wissen, wo und wie wir den Geburtstag von Juli feiern«, sagte Robert.

Er schwieg und küsste Julian auf den Kopf. Den ganzen Abend hielt er ihn in seinem Arm und streichelte sein Gesicht. Irgendwann nahm ich das Kind, um es zu stillen, und danach reichte ich es ihm wieder. Wir waren eng zusammen, eine warme Verzweiflung verband uns, und wir alle fühlten uns schuldig. Aber wie war es möglich, dass Ute und Ernst nichts wussten. Ernst war Arzt; und ein guter obendrein. Bestimmt hatten auch sie einen Verdacht, den sie nicht aussprechen wollten, um »den Teufel nicht an die Wand zu malen«.

12

Wenn ich mich fragte, welche Möglichkeit wir haben könnten, fiel mir nichts ein. Wir hätten so tun können, als wüssten wir nichts und ganz normal so weiter machen wie bisher. Wir dürften keine Kinder mehr in die Welt setzen. Robert könnte sich sterilisieren lassen. Doch was geschähe, wenn Julian in den Kindergarten käme oder in die Schule? Kindergarten wäre nicht zwangsläufig nötig, aber wie wäre es mit der Schule. Es gab nun mal Schulpflicht. Er würde untersucht werden müssen. Und sobald ein Verdacht da wäre, würden auch im Hinblick darauf Untersuchungen angestellt, denen wir uns nicht verweigern könnten. Wir waren in einer Zwickmühle. Wir hätten uns trennen müssen, aber das hätten wir beide nicht ausgehalten. Und was wäre mit Juli geschehen? Was für eine Verantwortung hätte das für uns bedeutet? All diese Fragen führten zu keiner konkreten Antwort, und so kristallisierte sich allmählich nur eine einzige Lösung heraus, die, je mehr ich darüber nachdachte, immer mehr von mir Besitz ergriff. Und schließlich fasste ich einen Entschluss. Danach ging es mir sogar richtig gut, weil ich dachte, dann, nur dann wird es ein Ende der Verzweiflung geben. Ich würde uns befreien. Ich würde dem Unglück ein Ende bereiten. Es würde ganz schnell gehen. Es war mir egal, ob jemand mit mir böse wäre und wer mich verstehen könnte und wer nicht. Ich wusste, dass ich nur den richtigen Zeitpunkt abwarten müsste. Es erforderte schließlich auch ein wenig Mut, sich so zu verabschieden. Mein Vater würde mich verstehen, davon war ich überzeugt. Er wäre traurig, aber er würde es verstehen. Und was mit Robert geschehen könnte, darüber wollte ich nicht nachdenken. Er tat mir Leid. Ich wollte ihn nie verletzen, und wusste, ich würde es tun. In der Absicht, sein Leben zu retten, könnte ich es unter Umständen zerstören. Auch das bedachte ich. Aber die Frage war nicht mehr wesentlich, denn alles was immer geschehen würde, wäre eine Katastrophe für alle Beteiligten. Wie würde er weiterleben ohne mich? Ich musste ihn verlassen. Für mich stand das fest. Und wenn ich meinen Entschluss wahr machte, wäre das noch die beste Lösung. Es würde Gras über die Sache wachsen, die Erinnerung verblassen und einen Neuanfang möglich machen. Mit etwas Geduld könnte es für ihn auch ein Ende des Unglücks bedeuten. Ja, mein Entschluss stand fest.

13

Ich ging neben Robert durch Dresden. Wie hatte sich die Stadt in den letzten Jahren verändert! Vor einigen Jahren war die Frauenkirche da wieder aufgebaut worden, wo lange Zeit nur ein riesiger Steinhaufen war. Zerbombt und wieder aufgebaut. Als ich klein war, waren meine Eltern einmal mit mir in Dresden gewesen, um mir alles zu zeigen und von früher zu erzählen.

»Hier war das und dort dies. Hier ist die Semper Oper und da drüben das Schauspielhaus. Da, an der Mauer da hat mir der Vati seinen ersten Kuss gegeben.«

Und ich erinnerte mich daran wie ich das Tor und den Steinhaufen erblickt hatte. Kinder waren darauf herum geklettert. Als auch ich hatte hinrennen wollen, hatte mein Vater es mir verboten.

»Man achtet den fremden Schmerz und man achtet den fremden Glauben«, hatte er gesagt und ich hatte es nicht begriffen.

Er hatte es mir nicht erklärt, aber als er gesagt hatte:

»Zerbombt!«, da hatte ich es verstanden.

»Menschen sind seltsam«, hatte ich gesagt.

Ich stellte mir vor, wie die Bomben wie feuriger Platzregen auf die Stadt hernieder prasselten.

Nun war ich mit Robert in Dresden. Wir gingen Hand in Hand über die blaue Brücke. Julian hing in einem Tragetuch an den Bauch seines Vaters gebunden. Er schlief. Manchmal lächelte er im Schlaf. Bald würden wir seinen ersten Geburtstag feiern. Er sah aus, als wäre er gerade mal fünf Monate alt. Wir wirkten wie eine normale glückliche Familie. Ich drückte Roberts Hand, und er erwiderte den Druck. Ich nahm mir vor, die Zeit zu genießen, die uns noch zusammen blieb. So tun, als wäre man glücklich. Ich dachte das Wort »glücklich« und sagte es immer wieder leise vor mich hin wie eine Beschwörungsformel. Wir wollten zum Schloss Pillnitz. Dort gab es eine Treppe, die bis zur Elbe hinunter ging, wo wir gerne saßen, wenn wir in der Gegend waren. Ich sah ins Wasser hinunter auf ein Schiff, das gerade unter der Brücke durch fuhr. Es war ein Frachtschiff, auf dem ein schwarz weißer Drahthaarterrier auf und ab rannte und aufgeregt bellte, als er uns oben auf der Brücke sah. Er blickte hoch und wir zu ihm hinunter. Robert lachte. Das Schiff verschwand elbaufwärts und der Hund beruhigte sich wieder.

»Genau so fließt unser Leben dahin«, dachte ich, »Und bald wird nichts mehr von uns übrig sein außer einem Haufen Knochen. Und wenn wir durch Feuer umkommen, noch nicht einmal das. Menschen sind verderbliche Ware.«

Das dachte ich, als wir an jenem Tag in Dresden über die blaue Brücke gingen. Nun wusste ich, wo es geschehen und wie es geschehen sollte, und dann wurde es mit einem Mal ganz leicht in mir drin. Ich lachte und fing zu tanzen an. Ich umtanzte Robert mit Julian vor dem Bauch, und er war verwirrt. Ich sah seine Verwirrung und musste nur noch mehr lachen. Ich drückte ihm einen Kuss auf den Mund, bevor er mich fragen konnte, was los ist, und rief:

»Wie glücklich ich bin! Lass uns glücklich sein. Das Leben ist schön! Es ist so schön! Lach doch, lach mit mir! Das Leben ist schön!«

Ich sah, dass er lachen wollte, aber dass es ihm nicht gelang.

»Franzi ...«, sagte er, und ich lachte bis mir die Tränen kamen. »Was ist denn nur in dich gefahren?«

»Nichts«, lachte ich. »Ich habe die Lösung gefunden. Jetzt kommt alles in Ordnung mit uns!«

Er verstand mich nicht.

»Welche Lösung hast du gefunden?«, fragte er.

»Du wirst es bald erfahren. Sei nicht so ungeduldig!«, rief ich.

14

Schloss Pillnitz war genau der richtige Ort. Die breite, seitlich abgerundete Treppe, die direkt in die Elbe ging, war schon immer ein magischer Platz für mich gewesen. Wenn ich dort saß, konnte ich stundenlang aufs Wasser starren, das ich niemals klar gesehen hatte. Mein Vater sagte mir, dass sie früher in der Elbe baden gegangen waren, aber auch seinerzeit wäre der Fluss schon so eine trübe Brühe gewesen. Ich mochte gerade das. Die zähe Bewegung des Wassers, das sich wie ein müder Drachen mit schlammbrauner Tarnung durch das Land schob, gefiel mir. Es waren die Unergründlichkeit, die beharrlich und still dahinfließende Unaufhaltsamkeit und Unerbittlichkeit, die mich anzogen. Die ganze Anlage faszinierte mich, obwohl sie mir ein bisschen zu pompös und irgendwie auch falsch vorkam. Einmal war ich mit meinen Eltern bei einer Führung. Wir waren in einer größeren Gruppe von Besuchern, die alle einem kleinen dünnen Mann mit dicker Brille hinterherliefen. Der leierte in einem einzigen Tonfall ohne Höhen und Tiefen seinen Text herunter, dem man nur schwer folgen konnte. Einmal musste ich lachen, weil ich sah, wie viele Leute das Gähnen unterdrückten, da beugte sich mein Vater zu mir herunter und sagte:

»Lach ihn nicht aus. Er sagt diesen Text fünfunddreißig Mal in der Woche. Er hat Frau und Kinder zu Hause, die er damit ernährt, da lacht man nicht. Verstanden?«

Es hatte scharf geklungen, und er hatte Recht. Ich verstand ihn. Aber der Ton dieser gleichförmigen Stimme ist mir im Ohr geblieben, und jedes Mal wenn ich da vor dem Schloss stehe, kann ich ihn hören. Er ist zur Stimme der Elbe geworden, die mit der gleichen Dynamik dahinfließt, wie der kleine Mann geredet hatte. Eines Tages war er nicht mehr da, und ich dachte, vielleicht ist er ja tot, und dann muss seine Familie hungern, aber mein Vater meinte, er wäre Rentner, lebte in Radebeul, wäre nicht mehr gut zu Fuß und seine Kinder kümmerten sich jetzt um ihn. Mein Vater mochte solche Führungen nicht, ich musste ihn überreden. Meinetwegen ging er mit. Und da ich beim ersten Mal nur wenig mitbekommen hatte, gingen wir öfter hin. Alle dachten, dass ich mich für gar nichts interessierte und ich ließ sie in dem Glauben. Ging auch niemand etwas an, was ich dachte und wollte. Es reichte mir, dass ich es wusste, und es hätte sich nicht gelohnt, den anderen das zu erklären. Sollten sie mich doch für einen stumpfen Tropf halten. Es war mir egal. Aber meine Eltern – besonders mein Vater – wussten, dass das nicht stimmte. Schloss Pillnitz gefiel mir. Ich erfuhr, dass Anfang des 15. Jahrhunderts hier ein Schloss gebaut wurde, und noch früher war hier eine Wasserburg mit Wallgraben und Zugbrücke gewesen, die genau da stand, wo der Meixbach in die Elbe fließt. Das konnte ich mir zuerst alles gar nicht vorstellen. Aber es gab Pläne und Zeichnungen davon, die man sich auch ansehen konnte, und dann konnte ich mir die Burg vorstellen und das Schloss mit seinen vier Flügeln mit seinen Giebeln, dem Schneckenturm, dem Lustgarten, dem Lusthaus und der Elbterasse. Die kleine Bastei zur Elbe hin mit dem riesigen Löwenkopf, die zu dem Lusthaus gehört hatte, steht heute noch. Im 17. Jahrhundert hatte ein Fürst das Schloss für eine seiner Geliebten gekauft. Einfach nur mal so ein richtiges Schloss für eine einzige Geliebte. Und als der Fürst an der Pest gestorben war, kam August der Starke, kaufte das Schloss und schenkte es auch einer von seinen Geliebten. Mein Vater meinte, so haben sie es immer gemacht. Jede Geliebte bekam ein Haus, in dem ein ganzes Dorf hätte untergebracht werden können. Und gut, dass solche Verhältnisse abgeschafft worden wären. Als die Geliebte dem Fürst nicht mehr gefiel – man nannte das: sie war in Ungnade gefallen – warf er sie kurzerhand hinaus. Er ließ die Schlossanlage abreißen und baute eine neue im chinesischen Stil, so wie man es heute kennt. Mein Vater fand es immer lächerlich und aufgeblasen, aber mir gefiel es. Wegen der Elbe, und weil man hier das Gefühl hatte, dass alles in Bewegung und nichts ewig wäre. Mein Vater hatte Recht, wenn er sagte:

»Geld regiert die Welt!«

Aber ich fand das platt. Mir wurde hier eine spannende Geschichte erzählt, die mich faszinierte. Und dieser Ort, diese Treppe zur Elbe hinunter mit dem Blick auf den Löwenkopf wäre genau der richtige Platz.

15

Manchmal lachte Julian. Lautlos mit weit offenem Mund; und es sah immer ein bisschen so aus, als ränge er um Luft. Wir freuten uns, wenn er lachte. Es gab so selten Momente, in denen wir mitbekamen, dass er etwas empfand. Wenn er weinte, was auch selten genug vorkam, weinte ich oft mit ihm.

»Mein armer, kleiner, stiller Liebling!«, flüsterte ich mit meinem Mund ganz nah an seinem Ohr und streichelte ihn.

Er war sehr hübsch, hatte ein weiches, ebenmäßiges Gesicht, schöne große blaue Augen und lange Wimpern. Alles an ihm war klein, war zart und auf fast überirdische Weise behutsam und verlangsamt. In der Langsamkeit seiner spärlichen Bewegungen lag eine große Anmut. Jeder, der ihn sah, fand ihn süß, doch außer seinen Eltern und Großeltern gelang es niemandem, eine Beziehung zu ihm aufzubauen. Wir waren ihm innerlich verbunden, er war ein Teil von uns und unserer Liebe. Meine Schwiegereltern liebten ihn, weil er ein Teil von ihrem heiß geliebten Sohn war, und meine Eltern, weil er ein Teil von mir war. Aber ich dachte oft, dass sie sich ehrlich darum bemühten, dem Kleinen nahe zu kommen, ohne dass es ihnen wirklich gelang. Julian blickte nur nach innen. Selbst wenn er mich mit seinen großen, blauen Augen ansah, hatte ich nie den Eindruck, dass ich es war, die er mit seinem Blick meinte. Er war wie entrückt. Wer ihn sah, war fasziniert, aber es war eine Faszination, die den Betrachter in der Situation des Betrachtens beließ, ohne ihn emotional einzubinden, eher so, wie man im Museum ein schönes Bild betrachtet und bewundert. Aber damals, als wir auf der Brücke waren und ich in mir nach Liebe zu Julian suchte, dachte ich, wir hätten genau so gut eine Puppe über die Brücke tragen können. Ich schämte mich für den Gedanken, aber mit einem Mal erschien mir die Brücke wie ein Symbol für mich und meinen Sohn. Ich nannte es »über die Brücke gehen«. Es wurde zum Ereignis, das immer näher rückte. Und bis dahin wollte ich glücklich sein. Glücklich, sonst nichts!

16

Mein Vater hatte mich nie geschlagen. Alle anderen Kinder bekamen ab und zu Schläge und Hausarrest. Manche wurden sogar regelrecht geprügelt. Aber mein Vater hatte mich nie gestraft. Er fand, dass Strafen nichts nützten und es für das Seelenheil eines jeden Beteiligten wohltuender wäre, wenn man erst gar nicht damit anfinge. Und so merkwürdig es erscheinen mochte, ich fand mich dadurch benachteiligt. Ich war neidisch auf die Kinder, die bestraft wurden und wünschte mir Strafen. Manchmal, wenn ich keine Lust hatte, raus zu gehen, und wenn mich – was selten vorkam – ein Kind fragte, ob ich mich mit ihm zum Spielen treffen wollte, sagte ich, ich hätte Hausarrest. Es ging sogar so weit, dass ich mir Wunden zufügte, die ich dann in der Schule offen vor mir her trug, um die anderen glauben zu machen, mein Vater hätte mich geschlagen. Ich war davon überzeugt, dass richtige, leibliche Eltern ihre Kinder prügeln, als wäre dies ein Beweis für Liebe. Weil es für mich die einzige logische Erklärung war, weshalb so etwas vorkam. Sie wollten ihre Kinder erziehen, zu besseren Menschen machen, und das ging halt nun mal nur so. Der Vater einer Schulkameradin sagte einmal, dass man das mit jungen Hunden auch so machte, selbst die Hundemutter täte nichts anderes, und das wäre ihm Beweis genug für die Richtigkeit, weil Hunde vom Instinkt her alles richtig machen, und den Menschen der Instinkt abhanden gekommen wäre. Damals fragte ich mich, warum die Menschen dann ihre Kinder schlügen, wenn sie es instinktiv nicht mehr verspürten, aber dann dachte ich, dass das, was man nicht verstünde, halt die Liebe wäre. Lange war ich davon überzeugt, dass es so war, bis mein Vater eines Tages nach Hause kam, und ich genau merkte, dass etwas anders war bei uns als sonst. Er war in der Schule gewesen. Mein Lehrer hatte ihn zu sich bestellt. Und da hatte er erfahren müssen, dass er mich ein wenig zu hart »ran nähme«. Der Lehrer hatte sich Sorgen um mich gemacht, wegen meiner Wunden und blauen Flecken. Mein Vater legte seine Tasche in die Ecke und setzte sich an den Tisch.

»Komm mal her!«, sagte er zu mir, und ich dachte, jetzt haut er mich.

Ich stellte mich neben ihn, und er sah mich an.

»Warum sagst du, dass ich dich schlage?«, fragte er.

»Das tue ich nicht«, antwortete ich.

Es war die Wahrheit. Ich zeigte nur offen die blauen Flecken, die ich mir selbst zugefügt hatte.

»Die anderen sagen das«, fügte ich hinzu.

Er sagte:

»Setz dich zu mir!« und ich setzte mich an den Tisch.

Er legte seine Hand auf meinen Arm und sagte:

»Ich tue es trotzdem nicht, da kannst du lange warten. Und noch was, Franzi: Ich hab dich viel zu gern als dass ich dich hauen könnte. Strafen bringen nichts. Sie verbiegen dir nur das Rückgrat und das Hirn. Kann mir keiner erzählen, dass er aus Liebe zuhaut. Die schlagen ihre Kinder, damit sie so blöd werden wie sie selbst und keinen Deut intelligenter. Merk dir Franzi, es geht um Macht, wie überall, und da ist jedes Mittel recht. Mit Liebe hat das nichts zu tun, auch wenn sie es so nennen.«

Er machte eine kurze Pause und fuhr dann fort:

»Würde man auch sonst gar nicht aushalten, wenn man nicht wenigstens diese Lüge hätte, die einen in dem Glauben lässt, dass Liebe hinter der Gewalt steckt.«

Das war eine so lange wie ungewohnte Rede von ihm. Wir sprachen nie mehr darüber. Aber von da an verletzte ich mich nicht mehr selbst. Im Gegenteil, von da an war ich stolz darauf, dass mein Vater mich so gern hatte, dass er es niemals übers Herz gebracht hätte, mich zu schlagen. Daran musste ich oft denken, wenn ich das Wort »Liebe« dachte.

17

Ich besorgte mir Liquid Ecstasy – K.o.-Tropfen, die erstaunlich leicht zu bekommen waren. Genauer gesagt, brauchte ich mich gar nicht darum zu bemühen. Der Zufall half mir. Ich ging durch die Pappelalle am Prenzlauer Berg, als mich jemand fragte, ob ich etwas wollte. »Etwas«, waren Drogen. Er bot mir Shit an, und ich erwiderte:

»Kein Bedarf, ich rauche nicht.«

»Na denn!«, sagte er und wollte gehen.

Da hielt ich ihn zurück.

»Hast du was anderes?«

»Zum Beispiel?«

»Ecstasy, K.o.-Tropfen?«

Er musterte mich. Ich hatte Julian bei Robert zuhause gelassen und war mir bewusst, dass der Dealer mich selbst für ein Kind hielt.

»Wozu brauchst du Ecstasy?«, fragte er neugierig.

»Tut nichts zur Sache, hast du oder nicht?«

»Kostet aber!«

»Wieviel?«

So war der Handel perfekt. Und ein paar Tage später, früh am Morgen machten wir uns auf den Weg. Es war der letzte Tag vor Julians Geburtstag. Robert war schon in die Uni aufgebrochen, und Ute und Ernst hatten seit acht Uhr in der Praxis zu tun. Das Wartezimmer war voll. Ich ging nach oben in unsere Wohnung. Julian lag auf dem Rücken und schlief. Er lächelte im Schlaf. Ich nahm seine Zudecke, ein mit Daunen gefülltes Kissen und drückte es ihm auf das Gesicht. Er reagierte erst gar nicht und zuckte nach einer Zeit, die mir endlos schien mit den Armen und den Beinen. Ich schloss die Augen, um das nicht zu sehen. So verharrte ich eine

Weile, bis er sich nicht mehr bewegte. Ich öffnete die Augen wieder und löste den Druck meiner Hände. Ich hatte Angst, das Kissen weg zu nehmen und tat es schließlich doch. Er sah aus wie zuvor, als ob er schliefe. Sogar das Lächeln lag noch wie eingebrannt auf seinem Gesicht. Er atmete nicht mehr, und ich fühlte mich ihm so nah wie noch nie. Ich hob ihn aus seinem Bettchen und zog ihn warm an. Dann zog ich mir meinen Mantel an und band mir den Kleinen mit dem Tragetuch fest an den Bauch. Ich ging in die Praxis, um Ute zu sagen, dass ich mit dem Kind spazieren gehen wollte und verließ das Haus. Mit dem Bus fuhr ich zum Hauptbahnhof und löste eine Fahrkarte nach Dresden. Ich entschied mich für den Regionalzug um 10:17, der ganze vier Stunden brauchte. Ich hätte auch den EC nehmen können, der nur zwei Stunden brauchte, aber so blieb mir eine kleine Frist zum Nachdenken und Träumen. Nun, da ich aufgebrochen war, um meinen Weg über die Brücke zu gehen, konnte ich mir auch Zeit lassen. Später im Zug spürte ich, wie das Kind immer kälter wurde, als wäre ein Stein in meiner Magengrube verkeilt. Den galt es zu lösen. Ich drückte es an mich, um es zu wärmen.

»Schlaf Kindchen, schlaf!«, summte ich und wiegte es sanft hin und her.

Eine Frau saß mir gegenüber und lächelte.

»Ein Mädchen?«, fragte sie.

»Nein, ein Junge, Julian!«, antwortete ich.

»In dem Alter sind sie noch süß«, sagte sie.

»Ja!«, flüsterte ich und lächelte zurück.

»Meiner wird ja schon bald fünfzig!«, berichtete sie. »Er ist geschieden und hat zu trinken angefangen.«

Sie rieb sich die Augen und sah aus dem Fenster. Draußen rasten Felder, Wälder, Wiesen und Straßen vorbei – Menschen auf Baugerüsten, mit Kinderwagen und Einkaufstüten, in Autos, auf Fahrrädern, zu Fuß. Fremde Leben; kaum sah man sie, hatte man sie schon wieder vergessen.

»Arbeit weg, Frau weg, Kinder bei den Nazis ...«, seufzte die Frau, »... ich meine früher, als wir noch DDR waren, war es besser.«

Sie schwieg nun und starrte wieder hinaus.

»Aber sie bleiben doch immer unsere Kinder, egal wie alt sie sind«, sagte sie dann mit dem Blick in die sich beständig verändernde Landschaft, als wäre weit da draußen jemand, der sie verstehen könnte.

Sie stand auf nahm ihren Mantel vom Haken und zog ihn an.

»Jetzt kommt gleich Falkenberg, da muss ich raus. Auf Wiedersehen!«

Sie reichte mir die Hand und streichelte dem Kind über die Mütze auf seinem Kopf.

»Passen Sie gut auf den Kleinen auf!«, sagte sie lächelnd.

»Ja, das tue ich!«, sagte ich und lächelte zurück.

18

Als ich in Dresden ausstieg, schien die Sonne. Eine kalte, gleißende Februarnachmittagssonne. Ein eisiges Licht fiel durch die Scheiben der Glaskuppel in die Bahnsteighalle herein. Ich setzte meine Sonnenbrille auf. Ich fror. Meinen langen Schal band ich mir zwei Mal um den Hals und legte seine beiden Enden auf meine Brust zwischen das Kind und mich.

»Bald haben wir es warm!«, versicherte ich ihm und mir, drückte es noch enger an mich und trat aus dem Bahnhof hinaus in den strahlenden Tag. »Bald gehen wir über die Brücke, und dann sind wir zu Hause!«

Ich kaufte mir eine Flasche »Pillnitzer Kornbrand«, ein paar Zeitungen, ein leeres Schreibheft, Kerzen und Streichhölzer, die ich in meiner Tasche verstaute. Zu Fuß ging ich durch die Stadt. Ich hatte Angst vor dem, was heute passieren würde und verspürte dennoch eine seltsame Vorfreude, die ich mir nicht erklären konnte. Heute würde sich unser Schicksal besiegeln, heute noch wäre ich mit Nina und Karl vereint. Nein, an Gott hatte ich nie geglaubt, auch an Wiedergeburt oder ein Leben nach dem Tod nicht, aber wir wären im selben Zustand, derselben Ebene, im Tod vereint. Die Trauer, die mit Karls Verhaftung begonnen hatte, wäre dann zu Ende. Ich trug uns über die Brücke. Zu Fuß ging ich nach Schloss Pillnitz, um mich mit Julian auf die Treppe zur Elbe zu setzen. Unterwegs kaufte ich an einer Tankstelle einen Kanister mit Benzin. Mein Auto wäre stehen geblieben, sagte ich dem Tankwart, der mir sofort anbot, mich hin zu bringen. Nein, nein, sagte ich, ich wäre eine starke Frau, so ein Kanister mit gerade mal fünf Litern, machte mir nicht das geringste aus. Aber das Baby, machte er noch einen letzten Versuch, zu seiner Kundin höflich zu sein, doch, nein, nein, das wäre leicht, sagte ich. Ich bezahlte und setzte meinen Weg fort. Es war ein schöner Tag. Noch immer schien die Sonne und warf schwarze Schlagschatten durch den Park. Ich ging um das Schloss herum, stellte den Kanister an die Mauer und setzte mich auf die Treppe. Dann nahm ich das Buch heraus und begann zu schreiben:

»Heute ist ein schöner Tag …«

Ute

1

Als sie nicht nach Hause kam, machten wir uns natürlich die größten Sorgen. Morgens hatte sie mich in der Praxis besucht – mit dem Kleinen im Tragetuch – und gesagt:

»Ich geh mit Juli spazieren. Vielleicht komme ich nicht zum Mittagessen, wartet nicht auf mich.«

Und als es Abend wurde, dann Nacht, und sie war immer noch nicht da, riefen wir ihre Eltern an. Gemeinsam fuhren wir los, um sie zu suchen. Wir versuchten auch, die Polizei einzuschalten, wo man allerdings zunächst nichts unternehmen wollte. Dort bekamen wir die wenig aufmunternde Information, dass die Polizei erst einstiege, wenn etwas passiert wäre oder bei einem konkreten Hinweis auf eine Straftat. Wir sollten uns gedulden, sie wäre bald wieder zurück. So etwas käme häufiger vor, als wir glaubten. Wahrscheinlich, unterstellten sie, hätte es Streit gegeben, und die junge Frau wäre bei einer Freundin untergetaucht.

»Vielleicht«, schmunzelte der diensthabende Beamte, »hat sie ja einen anderen!«

Dabei kniepte er mit einem Auge und setzte nach:

»Nichts für ungut. Aber man steckt ja nicht drin!«

Nun kniepte er erneut ein Auge zu und lachte:

»Wenn das jetzt doppeldeutig war, dann bitte ich um Entschuldigung. Man wird ja schließlich noch lachen dürfen.«

Wir waren fassungslos.

»Lachen Sie nur, wenn Sie glauben, Grund dafür zu haben«, sagte Ernst.

Er war wütend, schlug mit der Hand auf den Tresen, der uns vom Arbeitsbereich der Beamten trennte, drehte sich um und ging. Wir waren so aufgebracht wie er und folgten ihm; dann standen wir draußen vor der Polizeiwache und waren nicht weniger aufgewühlt und ratlos als zuvor. Ich quälte mich mit dem Gedanken, nicht nachgefragt zu haben, als sie da vor mir in der Praxis gestanden hatte und machte mir deshalb schwere Vorwürfe. Sie hatte so etwas Zögerliches gehabt, als ob sie mir noch etwas hätte sagen wollen. Gleichzeitig hatte sie auf merkwürdige Weise entschlossen gewirkt. Ich hätte sie in ein Gespräch verwickeln sollen; dann hätte ich vielleicht etwas herausbekommen können. Ja, ich hätte es tun müssen, aber ich hatte es nicht getan. Sie war mir seltsam vorgekommen. Wie, um alles in der Welt, hätte ich auch auf so eine Idee kommen sollen? Eine so schreckliche Tat hätte ihr keiner zugetraut, der sie kannte. Mir fiel ein, wie sie erschrak und sich von mir abwandte, als ich die Hand ausstreckte, um den Kleinen zu streicheln. Sie hatte nicht gewollt, dass ich ihn anfasse. Da war unser Enkel wahrscheinlich schon tot gewesen. Das arme Kind! Sie hatte es erstickt. Das Kissen auf sein Gesicht gedrückt und es erstickt. Was für eine entsetzliche Vorstellung. Das war nicht nur für Robert, seinen Vater, sondern auch für uns, die Großeltern sehr schwer zu ertragen.

»Psst«, hatte sie gesagt, »er schläft!« und sich weggedreht.

Sie hatte mich noch nie daran gehindert, meinen Enkel zu streicheln. Ich ließ es sein, wunderte mich aber. Allerdings hatte ich gerade wenig Zeit gehabt, mir darüber Gedanken zu machen. In der Praxis war der Teufel los gewesen, das Wartezimmer voll mit schniefenden Patienten, die uns die Grippewelle bescherte. Wenn man ihnen zur Impfung riet, reagierten sie nicht, und hinterher kamen sie angekrochen, weil es ihnen schlecht ging. Das war normal, es war unsere Aufgabe, ihnen zu helfen. Wir durften nicht klagen, auch wenn wir uns darüber ärgerten, dass es immer wieder gerade die Patienten waren, denen wir zur Impfung geraten hatten, die später krank vor einem standen und ihre Grippeviren in die Praxis pusteten. Ich war also relativ angespannt, als sie vor mir gestanden hatte. Sie wollte sich verabschieden. Das wurde mir später klar – zu spät. Ich hatte ihr noch nachgesehen, als sie zum Gartentor gegangen war und gedacht, dass sie traurig aussähe aber dennoch auf seltsame Art und Weise beschwingt; ja, eine Mischung aus traurig und beschwingt. Ihr Gang war fester als sonst. Sie war extrem dünn, und ihr Gang war immer irgendwie ein entrückter; als berührte sie mit den Füßen kaum den Boden. Sie schien zu schweben und doch wirkte es zugleich ein wenig linkisch. Ich gebe zu, dass ich sie am Anfang nicht gerne gesehen hatte. Nicht, weil sie nicht annähernd so attraktiv war wie Jenny, auch nicht, weil sie sich für absolut gar nichts zu interessieren schien – ich dachte immer, dass mehr in ihr steckte, auch mehr an Haltung, als man auf Anhieb hätte meinen können – nein, es war was anderes. Es war keine Abneigung, aber ein nicht akzeptieren wollen, dass sie mit unserem Robert zusammen war. Normalerweise konnte ich mich auf meinen Instinkt blind verlassen, auch in diesem Fall, wie sich herausstellen sollte, und die anderen vertrauten ansonsten gern meiner Intention; aber hier gab es keinen Anhaltspunkt. Wie hätte ich ihm raten können, die Finger von ihr zu lassen? Das war einfach nicht möglich. Er liebte sie. Was konnte man dagegen unternehmen? Einmal, da waren sie erst eine oder höchstens zwei Wochen ein Paar, versuchte ich, mit ihm zu reden. Das war höchst unerquicklich und hielt mich künftig davon ab, es noch einmal zu versuchen – zumindest, was dieses Thema anging. Den Vorlauf des Gesprächs habe ich mittlerweile längst vergessen, nur noch wie es zu Ende ging. Ich erinnerte mich daran, dass es immer wieder von langen Phasen eisigen Schweigens unterbrochen war. Nach einer dieser Phasen fragte er:

»Was hast du gegen sie?«

»Nichts, sie ist süß …«

»Süß! Aber …?«

»Was, aber …? Ich weiß nicht, ich finde, ihr passt einfach nicht zusammen«, erwiderte ich, und es hörte sich leidlich hilflos an.

»Oh, das finde ich aber ganz und gar nicht. Vielmehr finde ich, dass sie ganz ausgezeichnet zu mir passt. Mehr noch, ich bin davon überzeugt, dass sie die einzige richtige Frau für mich ist. Zumindest ist sie die Frau, die ich liebe, sie ist meine Frau. Daran gibt es für mich nicht den geringsten Zweifel.«

»Ich will sie dir auch gar nicht madig machen.«

Er schwieg wieder lange. Dann fragte er mich unvermittelt:

»Was willst du? Meinst du, es wäre besser eine eigene Wohnung zu suchen?«

Ich erschrak. Nein, nichts wollte ich weniger als das.

»Nein, nein, ist schon alles in Ordnung. Du hast doch eine Wohnung, Robertchen«, sagte ich, »es ist dein Haus!«

Sie gehörten zusammen, das wurde uns jetzt erst richtig klar. Sie waren Geschwister. Wie tragisch diese Geschichte war! Und sie war ganz bestimmt kein Einzelfall. Das hatte die Politik den Menschen angetan. Das System war Schuld an der Misere dieser individuellen Schicksale, so viel war klar, aber die Rechtsprechung war eindeutig. Sie erlaubte nicht, dass Geschwister wie Ehepaare zusammen lebten. Warum hatten wir, mein Mann und ich den Mut nicht gehabt, ganz gezielt darüber mit ihnen zu sprechen? Stattdessen verhielten wir uns ausgesprochen sträflich. Meinem Mann fiel natürlich auf, dass Julian sich nicht entwickelte, spätestens ab da hatten wir einen vagen Verdacht, aber wir wollten es nicht wahr haben. Wir wollten es nicht, und taten es zur Seite, bis wir es vergaßen. Wir sind schuldig am Tod unseres Enkels und unserer Schwiegertochter. Meinen Mann könnte man mit einem derartigen Vorwurf nun nicht mehr erreichen. Er wurde schwer krank. Er hatte nicht ganz zwei Wochen nach der Trauerfeier für Julian und Franzi einen Schlaganfall, von dem er sich sein Lebtag nicht mehr erholen sollte, aber mich erreichte man damit umso mehr. Ich wurde seither beständig von einer Unruhe erfasst, die mich nicht mehr los ließ. Das einzige, was mich noch bewegte, war diese entsetzliche Unruhe, dieses zermürbende Schuldgefühl, mit dem ich nicht umgehen konnte und das mich umtrieb. Besonders in den Nächten. Ich konnte nicht mehr schlafen, ohne die stärksten Schlafmittel einzunehmen. Dann schlief ich ein, wachte spätestens um vier Uhr morgens wieder auf, und es ging gar nichts mehr. Ich bekam nur noch schwer Luft und musste inhalieren. Seit das passiert war, hatte ich Asthma. Ich ertrug den Gedanken nicht, dass wir nicht wachsamer gewesen waren, und den schrecklichen Kummer von unserem Sohn nicht hatten abwenden können. Mein armes Kind, was sollte jetzt aus ihm werden. Er war nur noch der Schatten seiner selbst. Er aß nichts mehr und hatte dunkelbraune Ringe unter den Augen. Er sehnte sich nach ihr, das wussten alle, die ihn liebten und hilflos daneben standen, und nicht selten hatte ich Angst, dass er sich etwas antun könnte. Nicht nur, dass er das Grundstück nicht mehr verließ, nein, er ging auch gar nicht mehr aus dem Haus. Ich redete auf ihn ein wie auf ein krankes Pferd, um ihn dazu zu bewegen, wenigstens so viel zu sich zu nehmen, dass er nicht Hungers stürbe. Er hatte das Studium aufgegeben, noch war er nicht exmatrikuliert, aber er hatte es vor. Er sah in seinem Leben keinen Sinn mehr. Das einzige, was er las, waren die wenigen Briefe, die sie ihm geschrieben hatte, ihre Tagebücher, aus denen hervor ging, dass sie nicht nur ein sehr intelligenter Mensch, sondern auch eine begabte Dichterin war, und das Buch, das man auf der Treppe in Pillnitz neben ihrer fast verkohlten Leiche fand. Daraus konnte der Schluss gezogen werden, dass sie nachmittags mit dem toten Kind im Schlosspark ankam und erst das Buch vollschrieb, bevor sie Ecstasy Tropfen in einer Flasche mit Kornbrand löste. Dann legte sie ihr Buch so weit von sich entfernt auf die Treppenstufen, dass es keinen Schaden nähme, überschüttete sich mit Benzin und trank dann die ganze Flasche Kornbrand leer. Sie hatte eine brennende Kerze in einem gewissen Abstand neben sich gestellt, sodass ihr Körper, wenn sie das Bewusstsein verlöre darauf fallen und Feuer fangen würde. Dies geschah, wie später rekonstruiert wurde, zwischen vier und halb fünf in der Nacht. So erklärte sich auch, dass niemand den Brand wahrnahm und die Feuerwehr alarmierte. Als der erste Passant mit seinem Hund vorbei kam, fand man nur noch die äußerlich bereits verkohlte Leiche, die in Wahrheit zwei waren, was zunächst nicht vermutet wurde. Es hatte zu regnen angefangen, ein eiskalter Februarregen, der allmählich in wässrigen Schneefall überging. Der Mann dachte erst, dass Jugendliche ein Feuer gemacht hätten, vielleicht um zu grillen oder sich zu wärmen und wunderte sich, dass sich jemand bei solch einer Kälte nachts draußen aufhielte und auf eine derartig absurde Idee käme.

»Diese jungen Leute schrecken doch vor gar nichts zurück!«, hatte er sich gesagt, wie er später zu Protokoll gab.

Als er näher trat, sah er, dass es ein Leichnam war und rief bei der Kripo in Dresden an. Wir hatten sie als vermisst gemeldet; dennoch dauerte es drei Tage, bis die Polizisten den Leichenfund mit unserer Vermisstenanzeige in einen näheren Zusammenhang brachten. Wir verstanden das nicht. Wir waren zu diesem Zeitpunkt nicht mehr in der Lage, überhaupt etwas zu begreifen. Drei Tage und drei Nächte lebten wir in der absoluten Unsicherheit; und dann mit der traurigen Gewissheit, die jede noch so winzige Hoffnung auf einen glimpflichen Ausgang zunichte machte. Durch den Regen war das Feuer gelöscht worden, sodass noch etwas DNA-fähiges »Material« übrig geblieben war, anhand dessen man ihre Identität feststellen konnte. Die Leiche Julians indes konnte nicht mehr eindeutig identifiziert werden; doch aufgrund aller vorhandenen Indizien wurde schließlich erklärt, dass es sich um die sterblichen Überreste unseres Enkels handelte und der Totenschein ausgestellt. Wir hatten damit gerechnet, dass etwas Furchtbares geschehen war, und doch traf uns die Wahrheit wie ein Schlag in die Magengrube. Es war nichts mehr so, wie zuvor. Mit einem Mal waren die Fugenstifte aus den Scharnieren unseres Lebens gezogen, alles drohte in sich zusammen zu brechen. Ein schwacher Trost in unserer Trauer war zunächst, dass der Begriff der Schuld außerhalb von uns auszumachen war, wiewohl er uns mit einbezog, sich über uns warf wie ein Erdrutsch und uns den Weg abschnitt. Je länger wir uns allerdings mit der Schuldfrage beschäftigten, desto entschiedener wurde uns klar, dass auch uns ein nicht geringer Anteil der Verantwortung nicht abgesprochen werden konnte. Dem ersten vagen Verdacht hätten wir entschieden nachgehen müssen, aber wir hatten es nicht getan. Unsere Angst vor der Schuld hatte uns die Unschuld geraubt. Wir wollten einfach nicht wahrhaben, was später auf so entsetzliche Weise ans Licht kam. Wir wollten es nicht glauben, und wir ließen den Gedanken einfach nicht mehr zu. Damit glaubten wir, ihn gegenstandslos gemacht zu haben, und damit trugen auch wir zum Tod unserer Schwiegertochter und unseres Enkels bei. Wir waren Schuld daran, dass unser Sohn die Liebe seines Lebens, seine Schwester und seinen Sohn verlor. In Franzis letztem Tagebuch stand:

»Zeichnest Psychobilder der Verwüstung, und läufst deiner eigenen Großartigkeit nach, um sie in nichts wiederzufinden und in nichts bestätigt zu sehen, da du dir dein eigenes Psychobild verwüstet hast.«

Wir wussten nicht, wem dies galt, ob ihr selbst, Robert oder der Gesellschaft. Es war persönlich und allgemeingültig, ohne als Gemeinplatz gewertet werden zu können. Dazu war es zu eindringlich, aber wir wussten nun, dass wir Franzi und unseren Enkel nie wieder sehen würden.

2

Robert war ein aufgewecktes Kind, das den ganzen Tag nur lachte. Er war unser Sonnenscheinchen – von Anfang an. Ich sah das Bündel schon von weitem, als ich damals zum Dienst in die Charité ging. Meine Frühschicht, begann um halb fünf. Schon als ich den Trabi abgestellt hatte, sah ich, dass da was lag. Ich dachte zuerst an ein Paket, aber noch bevor ich etwas erkennen konnte, drängte sich mir der Gedanke auf, dass es sich auch um einen ausgesetzten Säugling handeln könnte. Er schlief. Ich sah auf Anhieb, dass es ein Frühchen war. Eine halbe Stunde später wäre er wohl nicht mehr zu retten gewesen, aber dieses Kind war soeben geboren worden. Ich nahm ihn auf den Arm und sah mich um, in der Hoffnung, in irgendeinem Hauseingang seine Mutter zu entdecken. Das erste jedoch, was zunächst zu tun war, galt ihm. Er musste dringend medizinisch versorgt werden. Er war so winzig wie jede Frühgeburt, wog kaum zwei Kilo, und es war keine Frage, dass er umgehend in einen Brutkasten musste. Ich verliebte mich sofort in ihn. Er sah aus wie ein zerknautschtes Kartöffelchen, und seine Nase steckte wie eine gepellte Haselnuss in seinem leicht geschwollenen Gesicht. Mein Gott, wie unbeschreiblich ich ihn sofort liebte! Liebe an sich ist nicht erklärbar, so, wie man nicht erklären kann, dass man sich gerade in diesem Augenblick, gerade in diese Person verliebt. Nein, ich verliebte mich nicht, ich liebte. Auf der Stelle war es Liebe. Ich dachte von Anfang an, dass es mein Sohn wäre, auch wenn ich dies damals niemandem hätte sagen können. Ernst, mit dem ich verlobt war, hatte wie ich Frühschicht. Wenn irgend möglich, hatten wir unsere Schichten so eingeteilt, dass wir gemeinsam Dienst hatten. Es gab einen Moment, als wir beide vor dem beheizten Plexiglaskasten saßen und gerührt den Kleinen darin betrachteten, als wäre er tatsächlich unser Sohn. Wir sahen uns an und lächelten. Und mit einem Mal ging die Sonne auf und warf einen satten Lichtstrahl über uns und das Kind. Wir fassten uns an den Händen und spürten beide eine große Innigkeit füreinander.

»Der kleine Robert!«, sagte Ernst und ich setzte hinzu:

»Und wir werden dafür sorgen, dass er groß wird!«

Unter der Decke, in die er eingewickelt war, auf seiner Brust fanden wir ein Briefchen, auf dem stand:

»Gott schütze dich, mein kleiner Robert, verzeih mir!«

Ja, dafür wollten wir sorgen, dass Gott ihn beschützte und er seiner leiblichen Mutter verzeihen sollte. Ich weiß nicht mehr, wann genau wir darüber sprachen, ihn zu uns zu nehmen. Eigentlich war es keine Frage. Wir waren verlobt, wir wollten heiraten, und nun wollten wir dies so schnell wie möglich durchziehen, um den Antrag auf Adoption stellen zu können. Es war eine spontane Entscheidung, die uns beide gleichermaßen beglückte. Meine Mutter hatte stets in unserer Nähe gewohnt, sie wusste, dass Robert adoptiert war und kannte seine Geschichte. Aber die Eltern von Ernst dachten von Anfang an, dass er unser Kind und damit ihr Enkel wäre. Sie wohnten in Rostock und hatten schon räumlich weniger Gelegenheit, uns zu besuchen. Als wir heirateten, präsentierten wir ihnen ihren Enkel, und es gab für sie nicht den geringsten Zweifel daran, dass er es war.

»Was für eine schöne Überraschung!«, riefen sie ein ums andere Mal und waren glücklich.

Als Ernsts Vater dann an Roberts Ohrläppchen auch noch den »Rinkeknubbel« entdeckte, war die Freude perfekt. Wir wussten, dass er das Kind niemals als sein Enkelkind akzeptiert hätte, wenn ihm dessen wahre Geschichte bekannt gewesen wäre und beließen ihn in seinem Glauben.

3

Die ersten Jahre mit unserem Sohn waren turbulent. Die politischen Umstände waren es. In der Sowjetunion gab es auf einmal Glasnost und Perestrojka, von Gorbatschow beschworen, von Honecker abgelehnt. Es kam zu Spannungen zwischen SU und DDR, die zur politischen Stagnation in Ostdeutschland und daraus resultierend auch zu Spannungen in der Bevölkerung führten. Robert war zwei, als Honecker in die Bundesrepublik reiste, um sich mit Kanzler Kohl zu treffen. Das Ergebnis dieser Reise war die Anerkennung der DDR durch die BRD. Mit einem Mal sahen wir einen hellen Lichtstreif am Horizont: Die Freiheit. Ich persönlich hatte die politischen Verhältnisse bei uns nie in Frage gestellt. Ich hatte meine Arbeit, die mir Spaß machte, arbeitete mit dem Mann zusammen, den ich liebte und die Erinnerungen an meine Kindheit waren durchweg angenehm. Meine Eltern hatten eine kleine Datsche an einem See in der Nähe von Potsdam, die wir nach dem Tod meines Vater hatten behalten können. Die Krebserkrankung und das Sterben meines Vaters waren der einzige Schattenfleck in meiner Biografie. Ich war damals sechs und stand kurz vor der Einschulung. Mein Vater wollte nicht sterben. Er wollte leben. Er war ein fröhlicher Mensch und in meiner Erinnerung sehe ich mich auf seinen Knien sitzen. Als er tot war, konnte ich es nicht glauben. Ich sah ihn die Treppe hochkommen wie zuvor, als er noch gelebt hatte, und lange Zeit schien mir, als hörte ich seine Stimme. Allmählich jedoch verblasste sein Bild und die Freuden der Jugend ließen mich den Schmerz um seinen Verlust vergessen. Bei meiner Jugendweihe lernte ich Ernst kennen, der ein paar Jahre älter war als ich, und wenn ich ehrlich bin, dann habe ich in der DDR nichts vermisst. Natürlich war mir klar, was mit Dissidenten geschah. Wir hatten zahlreiche Patienten, die unter psychischen Foltersymptomen litten, aber das ganze Ausmaß der Unterdrückung begriff ich erst später, im Rückblick auf den Staat, dessen Spätfolgen wir nun so erschreckend zu spüren bekamen. Damals, als die DDR vom Westen anerkannt wurde, dachten wir an eine Freiheit, die wir uns nicht wirklich vorstellen konnten. Es war ein vager Begriff, der sich in der Möglichkeit erschöpfte, eine Mauer zu überwinden. Die Freiheit schien dahinter zu liegen wie ein Freund, der einen erwartete. Im Fernsehen sahen und hörten wir, wie Kohl und Honecker gemeinsam von einem vereinten Deutschland sprachen; Kohl gemahnte seinen Gesprächspartner zur Einhaltung und Achtung der Menschenrechte. Die Sendung war ein Straßenfeger. Für uns, die Bürger des sozialistischen Deutschland bedeutete das mehr als Hoffnung. Das war 1987, zwei Jahre später gelangten unsere ersten Bürgergruppen über Ungarn in den Westen, dann kam es zum vierzigsten Jahrestag der DDR, bei der Gorbatschow seine berühmte Rede hielt, von der jeder sprach, und die jeder gehört hatte. Es kam zu Massendemonstrationen in Berlin und Leipzig, und dann, am 9. November, fiel die Mauer. Die Leute kletterten darauf und stürmten durch das Brandenburger Tor. Ost- und Westbürger lagen einander weinend in den Armen und feierten ein so rauschendes wie bewegendes Freudenfest. Es war der Jahrestag der Reichspogromnacht, die nun vergessen schien; ein wahrhaft historischer Tag. Einen Monat später bekamen wir das Havelhaus wieder zugesprochen, das rechtmäßig meiner Mutter gehörte, und noch vier Monate später, als es von Grund auf renoviert war, zogen wir mit der Familie dort ein. Vater, Mutter, Kind und Großmutter – eine schöne kleine und glückliche Familie. Ja, das waren wir. Und nicht einen Augenblick dachten wir daran, dass dieses Glück eines fernen Tages schlagartig vorbei sein, und das größtmögliche Unglück daraus erwachsen könnte.

4

Robert war ein lieber Junge, der allerdings zu spontanen Wutausbrüchen neigte. Besonders die Trotzphasen, die jeder gesunde Mensch durchmacht, und die ihm helfen, seinen eigenen Willen und seine eigenen Möglichkeiten auszuloten, waren nicht leicht.

»Robbi Wille!« Das war sein Standardsatz, den wir in diesen Zeiten oft hörten.

So war er, der personifizierte Wille. Er konnte schreien oder die Luft anhalten, bis er blau im Gesicht wurde, um diesen Willen durchzusetzen. Dabei hatte er einen ausgeprägten Gerechtigkeitssinn. Er war wissbegierig und intelligent. Er konnte uns wahre Löcher in den Bauch fragen. Bei seinen Freunden war er beliebt, er war so etwas wie ein Anführer. Er war ein ganz besonderer Junge. Wenn er traurig spielte, überzog ein Schleier sein Gesicht und seine Augenlider sanken auf Halbmast, und nie habe ich jemanden erlebt, der ihm dann nicht jeden seiner Wünsche erfüllt hätte. Wenn er dann hatte, was er wollte, strahlte sein Gesicht von einem auf den anderen Moment, als hätte die Trauer zuvor nicht stattgefunden. Mit der Zeit merkte ich, dass diese Trauer nicht echt war, sondern grandios gespielt. Wahrer Kummer zeigte sich bei ihm dadurch, dass er schlucken musste, keinen Ton mehr herausbrachte und die Augen groß und starr nach oben richtete. Ich hatte Mühe, ihm nicht permanent zu zeigen, wie sehr ich in ihn vernarrt war. Wenn Ernsts Vater zu Besuch kam, holte Robert das Buch vom Struwwelpeter und sprang ihm auf den Schoß. Wir alle, mit Ausnahme von Ernsts Vater, der es Robert geschenkt hatte, mochten das Buch nicht besonders, aber Robert wollte, dass man es ihm vorlas. Dabei gab er zu allen Geschichten Kommentare ab, die uns zeigten, wie fähig er bereits als Kind war, zu differenzieren und die moralische Welt der Erwachsenen, die in dem Buch beschrieben waren, zu hinterfragen.

»Warum tut sie das?«, fragte er beispielsweise in der Geschichte mit dem Daumenlutscherbub.

»Wer? Was?«, begehrte man zu wissen.

»Die Mutter! Wenn sie weiß, dass der Schneider mit der Schere kommt, und dem Jungen die Daumen abschneidet, darf sie doch nicht gehen. Und wenn sie ihn alleine zu Hause lässt und die Türe nicht abschließt, dann ist sie böse. Will sie, dass der Schneider das macht?«

Der fliegende Robert allerdings beflügelte seine Fantasie in einem Maße, die uns allen die größte Freude bereitete. Er konnte gar nicht genug davon bekommen, sich Geschichten auszudenken, die der Junge auf seiner Reise mit dem Regenschirm erleben durfte. Es waren wunderbare fantastische Abenteuer, die ihn stets wieder nach Hause zurück brachten. Eines Tages sagte sein Großvater:

»Der Junge war böse. Er hat nicht gehorcht, als die Mutter ihm verboten hat, im Sturm hinaus zu gehen. Dafür hat er dann die Strafe bekommen. Der Sturm hat ihn weit weg getragen. Weg von seiner Mutter und von seinem Vater. Das hatte er dann von seinem Ungehorsam!«

Da schrie Robert förmlich:

»Stimmt ja gar nicht! Du lügst! Der Papa sagte, dass der Junge mutig war und was riskiert hat. Und manchmal muss man was riskieren und darf nicht immer nur gehorchen, sonst wird man dumm.«

»Das hat dein Papa gesagt?«, fragte der alte Mann und seufzte. »Na, was soll man da noch hinzufügen.«

Später hörten wir einmal, wie er sagte:

»Ja, Robertchen, vielleicht hast du Recht. Wir haben leider immer nur lernen müssen, zu gehorchen« und Robert antwortete:

»Bist du denn dumm geworden?«

»Na, schlauer hat es uns nicht gemacht«, antwortete er lächelnd und drückte den Kleinen an sich.

Robert erfand unzählige Geschichten, von denen wir einige aufschrieben. Viele hatten mit Regenschirmen zu tun, zu denen er eine eigentümliche Affinität besaß. Eine Geschichte fand ich besonders schön. In ihr war der Regenschirm die Hauptfigur. Er gehörte einem ganz kleinen Mann, der rund war wie eine Käseschachtel und lieb wie ein Engel. Der Regenschirm fühlte sich sauwohl bei ihm, und eines Tages, als es regnete, ging der Mann mit seinem Schirm ins Café, den er dort in den Schirmständer stellte. Während er seinen Kaffee trank und die Zeitung las, hörte der Regen auf und die Sonne stach durch die Wolken. Als der Mann schließlich zahlte, um zu gehen, da war draußen der strahlendste Sonnentag, den man sich nur denken konnte. Er verließ das Lokal und vergaß den Schirm. Der rief ihm noch zu:

»Käseschachtelmann, geh nicht ohne mich!«

Aber es war zu spät. Der Mann war schon durch die Tür; der Schirm blieb zurück und war darüber sehr traurig. Er wartete darauf, dass der Mann zurückkäme, um ihn wieder abzuholen, doch umsonst. Am Abend fing es wieder zu regnen an. Die Bedienung der Nachmittagsschicht hatte keinen Schirm dabei und tat das nächstliegende. Sie nahm sich den Schirm, der darüber fast verzweifelte. Vor lauter Angst klemmte er und wollte nicht aufgehen. Die Bedienung wurde ungehalten.

»Du verdammter blöder Schirm, geh endlich auf!«

Da erschrak der Schirm fürchterlich und ging auf. Aber er zitterte, zumal ein Sturm aufzog und ihn nach hinten bog. Das war ihm so bisher noch nie passiert, er schämte sich. Außerdem tat es ihm auch weh, als seine Metallstäbe nun gewaltsam von der Bedienung zurück gebogen wurden.

»Au!«, rief er, »Pass doch auf, du dummes Ding! Vorsicht, meine müden alten Gräten!«

Aber es nützte ihm nichts, die Stäbe waren danach verbogen. Ein Staat ließ sich nun nicht mehr mit ihm machen. Aber es war erst der Beginn einer langen Tortur und der Beginn einer langen Wanderung. Immer wenn es regnete, nahm ihn jemand aus seinem jeweiligen Schirmständer, da er nun niemandem mehr etwas bedeutete.

»Da, nimm den alten Schirm, der ist besser als gar nichts!«, war ein Satz, den er in dieser Zeit oft hörte.

Und so wanderte er von Hand zu Hand, von einem Schirmständer zum anderen. Er lernte die Welt kennen und sehnte sich doch zurück zu seinem guten alten Käseschachtelmann, dem einzigen, der ihn verstand, mit dem er sogar sprechen konnte, weil er doch ein Käseschachtelmannregenschirm war und natürlich die Käseschachtelmannregenschirmsprache sprach. Eines Tages zog ein furchtbares Unwetter auf. Er steckte in der Hand eines kleinen Jungen, der fürchterlich fror, weil er ganz dünn und leicht und ganz alleine in einer kalten Welt war, weil seine beiden Eltern verstorben waren. Und auf einmal hob der Wind den Schirm hoch mitsamt dem kleinen Jungen. Sie flogen durch die Luft und hatten viel Spaß miteinander. Doch der Schirm wurde immer müder. Er wollte nach Hause. Und eines Tages, als sie gerade auf einem Hügel rasteten, um sich von der Reise ein wenig zu erholen, da seufzte der Schirm.

»Ach du lieber Gott, wenn ich nur endlich wieder zuhause wäre!«

Und siehe da, der kleine Junge verstand den Schirm. Die Käseschachtelmannregenschirmsprache verstanden nämlich nur besondere Wesen. Endlich hatten beide jemanden, mit dem sie reden konnten. Das Ende war rührend. Der kleine Junge war mittlerweile schon ein bisschen größer geworden und half dem Schirm nach Hause zu seinem Käseschachtelmann zu kommen. Am Ende lebten alle drei zusammen und passten höllisch aufeinander auf, dass keiner von ihnen je wieder verloren ginge.

Diese Geschichte hatte viel mit Robert selbst zu tun. Obwohl er damals noch nicht erfahren hatte, dass er nicht unser leibliches Kind war, erfand er sie und wir wussten, dass er sich mit dem kleinen Jungen in dieser Geschichte identifizierte. Er war das kleine Kind, das keine Eltern hatte, zu klein und zu dünn war, schrecklich fror in einer kalten Welt, bis er von einem gewaltigen Sturm in ein glückliches Leben geblasen wurde. Wie sehr er damit sich, seine Lebensgeschichte, seine Situation beschrieb, war ihm damals nicht bewusst gewesen. Aber wir waren wie vom Donner gerührt, als er sie uns erzählte und uns bat, sie aufzuschreiben. Bis zur Pubertät war Robert sehr dünn. Er wirkte zart, fast zerbrechlich, auch wenn er sportlich war und ein guter Fußballspieler. Aber er war zäh. Er konnte gut schwimmen, spielte Hockey und war der König auf dem Skateboard. Auch war er ein ziemlich guter Schachspieler. Ich hatte ihm das Spiel beigebracht, und schon beim ersten richtigen Spiel gelang es mir nicht, ihn Matt zu setzen. Beim zweiten Spiel besiegte er mich. Dazu muss ich sagen, dass ich nie mehr als eine leidliche Dilettantin in diesem Spiel war. Aber er war ein Naturtalent. Er multiplizierte schwierige Aufgaben, noch bevor er zur Schule ging. Als wir einen Urlaub durch Italien und Kroatien machten, noch vor der Einführung des Euro, errechnete er uns in wenigen Sekunden den Preis in DM aus der jeweiligen Landeswährung. Er war besonders, nicht nur für mich. In der Schule war er stets der Beste, und als er eine Klasse überspringen sollte, weigerte er sich. Er sagte dem Lehrer, dass die guten Schüler lieber den schlechteren helfen sollten, bevor man sie aus ihrem Freundeskreis in der Klasse trennte. Ja, so war er. Jeder hatte ihn gern. Er wuchs zufrieden auf, hatte nie Probleme mit Drogen wie viele andere Jugendliche, die Schule absolvierte er mit links, und als er uns eines Tages eröffnete, dass Jenny, die er schon lange aus der Parallelklasse kannte, nun offiziell seine Freundin war, gefiel uns das außerordentlich. Sie war nett, intelligent und hübsch.

Mit ihren Eltern verstanden wir uns ausgezeichnet. Ihr Vater war Facharzt für Orthopädie und ihre Mutter, eine Argentinierin, war Tänzerin, die seit einigen Jahren eine eigene Ballettschule leitete. Jenny und Robert wollten beide Medizin studieren. Alles schien perfekt. Bei der Abiturfeier waren wir so stolz auf ihn, dass es ihm schon fast peinlich war. Wir schenkten ihm einen schwarzen VW-Beetle, das Auto, das er sich gewünscht hatte, und von seinem ersten Trip mit seinen Freunden in die Disco nach Charlottenburg brachte er Franzi mit. Mit Jenny war er hingefahren, und mit Franzi zurückgekehrt. Es war nicht nur eine große Enttäuschung für uns, sondern erfüllte uns mit Angst. Denn von nun an sollte sein und unser Leben in eine andere Phase eintreten. Es war der Wendepunkt ins Unheil, was wir damals allerdings noch nicht wussten. Noch glaubten wir, dass sich alles zum Guten wenden könnte; doch das Schicksal hatte seinen Abwärtslauf begonnen, und wir waren nicht in der Lage gewesen, es aufzuhalten.

5

Franzi und er, das erschien uns von Anfang an wie eine Katastrophe. Als sie bei uns einzog, mussten wir es akzeptieren, ob wir wollten oder nicht. Dabei mochte ich sie mittlerweile sehr gerne. Sie hätte unser Kind sein können, so sehr war sie mir und auch Ernst im Lauf der Zeit ans Herz gewachsen. Vielleicht hatten wir damals schon so eine gewisse Ahnung, aber unser Vorbehalt blieb vage und ohne konkrete Anhaltspunkte. Dann kam die Sache mit Renate, die uns alle gefühlsmäßig untrennbar miteinander verband. Es war der Moment, in dem ich begann, mich um Franzi zu sorgen. Es war der Moment, in dem ich spürte, wie sehr ich sie mochte, und es war genau der Moment, in dem ich begann, sie zu verstehen. Ich bewunderte sie. Sie hätte Renate niemals verraten. Ohne einen Laut von sich zu geben, weinte sie. Das war ihre Art. Aufrichtig, verantwortungsvoll und alles andere als denunziatorisch. Nie werde ich es vergessen, wie ihr die Tränen über das Gesicht, dieses zarte schmächtige Gesichtchen mit den etwas vorstehenden Zähnen flossen. Es veränderte sich nicht unter dem Tränenfluss. Und doch vermittelte sein Ausdruck ein unfassbares Erstaunen und Weh. Ihre großen blauen Augen waren ernst, weit aufgerissen und blickten nach oben. Sie sah genau so aus wie Robert als kleiner Junge, wenn er richtig traurig und sein Kummer kein gespielter war. Vielleicht hätte ich es da sehen müssen, dass sie Geschwister waren. Ich dachte sogar, dass sie einander sehr ähnlich wären, und der eine Gedanke ist mir in den Sinn gekommen, der, weiter verfolgt, möglicherweise das Unglück hätte verhindern können. Aber er wurde nicht weiter verfolgt. Nun hatte ich sie lieb und dachte auch ich, dass sie irgendwie zu uns gehörte. Von diesem Zeitpunkt an, war Franzi für mich ein schöner Mensch. Charakterlich und physisch. Dennoch sträubte ich mich, zu glauben, dass sie seine Frau werden und uns den einzigen Enkel bescheren würde, und als wir dann erfuhren, dass sie tatsächlich schwanger war, fielen wir sprichwörtlich aus allen Wolken.

6

Robert war fünfzehn, als wir uns vornahmen, es ihm zu sagen. Ernsts Vater war schon fast ein Jahr tot gewesen. Zu ihm hatte Robert immer ein besonderes Verhältnis gehabt, und wir hätten nie gewollt, dass er mit ihm darüber spricht. So traurig es war, glaubten wir doch, dass der ihn nicht mehr wie seinen Enkel geliebt hätte, wenn er von der Adoption gewusst hätte, und das hätte für Robert eine schwere Enttäuschung bedeutet. Nun standen wir also vor ihm in der Küche, bereit, ihm das zu sagen, was sein seelisches Gleichgewicht in Aufruhr bringen, sich jedoch nicht auf ewig würde verheimlichen lassen können. Ich begann:

»Komm mal her, Robbelchen, wir möchten gerne mit dir reden.«

Er verzog das Gesicht. »Robbelchen« hatte ich ihn oft genannt, als er klein war, und manchmal passierte es auch später noch. Ich spürte, wie er auf der Stelle wachsam wurde und misstrauisch. Wir, Ernst und ich wussten, was gleich auf ihn zukäme und hatten Angst vor seiner Reaktion. Er tat mir schon vorher Leid. Ernst warf die Espressomaschine an.

»Kaffee?«, fragte er, und wir nickten.

Auf dem Tisch stand eine Glasschale mit Schokoladenkonfekt. Er nahm ein Stück und wickelte es aus.

»Was gibt es?«, fragte er. »Ist etwas Schlimmes passiert? Ist jemand gestorben?«

»Nein, nein, nichts Schlimmes. Im Gegenteil!«

Er lachte und entspannte sich etwas. Ernst stellte den Kaffee vor uns. Für mich Espresso und für Robert einen Cappuccino mit etwas bitterem Kakao auf den Milchschaum gestreut. Er nahm das Konfekt, schöpfte etwas von dem Schaum damit ab, begann es zu essen – so machte er es immer – und sah uns erwartungsvoll an. Doch nun fiel uns erst mal gar nichts mehr ein. Wir hatten die Szene immer wieder durchgespielt, wie in einer Theaterprobe, und nun, wo es darauf ankam, war alles, was in unserer Vorstellung funktioniert hatte, wie weggeblasen. Wir schwiegen und tranken unseren Kaffee.

»Robert, du … heute …, ich meine damals als du geboren wurdest …«, stammelte ich.

Ich fühlte mich hilflos und warf Ernst insgeheim vor, dass er mich nicht unterstützte. Robert blickte uns an.

»Der Kaffee ist Klasse! Die Schoko auch … hat mir jemand was vererbt?«

»Ach Robbelchen … bitte!«

Er stand auf und sagte:

»Musik?«

Er wollte zum CD-Player, der auf einem Regal am anderen Ende der Küche stand. Ich stand auch auf und stellte mich ihm in den Weg.

»Entschuldige! Wir müssen dir was sehr Wichtiges sagen.«

Ich schwieg wieder. Und dann nahm ich regelrecht Anlauf und sagte alles auf einem einzigen Atem.

»Du bist nicht unser leibliches Kind. Du bist neugeboren vor die Türe der Charité gelegt worden. Ich habe dich gefunden und mitgenommen. Du warst eine Frühgeburt, ich habe mich sofort in dich verliebt und Ernst auch.«

Nun schwiegen alle drei. Ernst und ich sahen ihn an, und er sah mir in die Augen. Ich trat auf ihn zu und umarmte ihn. Er ließ es geschehen, und ich war erleichtert. Es war einfacher, als wir gedacht hatten. Auch Ernst stand jetzt auf, umarmte uns beide und weinte vor Glück.

Es war ein Moment, der sich mir scharf ins Gedächtnis grub. Ich war tatsächlich froh, es getan zu haben, und dennoch war mit einem Mal etwas zwischen uns, das uns nie mehr richtig verlassen sollte. Es wäre einfacher gewesen, wenn er gleich mit seinen Fragen begonnen hätte, aber er setzte sein Schweigen fort. Es verunsicherte uns. Alles, was wir nun sagten oder taten, war verkrampft und unecht. Eine gespielte Heiterkeit, ein Stammeln von Banalitäten, unsichere Blicke, unsicheres Sich-Berühren; unseren Gesten, dem Ausdruck war die Unschuld genommen. Und er, er tat gar nichts. Er ließ eine CD rotieren, der Soundtrack aus einem Film ertönte »Hable con ella« – »Cucuruccucú«, ein besonders trauriges Lied – und setzte sich wieder an den Tisch. Zu dritt saßen wir da und schwiegen. Er trank seinen Kaffee, aß Konfekt. Es war heraus.

7

Mich beunruhigte es sehr, dass er keine Fragen stellte. Es verunsicherte mich, wie er darüber hinweg zu gehen schien und weiter lebte, als hätte unser Gespräch nicht statt gefunden. Ich war es, die ihn Wochen später fragte, wie er damit umgehen wollte. Auf die

Frage, ob er es offen seinen Freunden sagen wollte, antwortete er nur mit einem knappen:

»Nein.«

Damit schien die Sache für ihn erledigt. Er tat es ab. Ich wollte nicht, dass er es verdrängte. Ich fürchtete, dass es ihn eines Tages umso verzweifelter heimsuchen würde und sprach ihn von mir aus darauf an. Doch er ging nicht auf mich ein. Sicher dachte er darüber nach, aber er sprach niemals mit uns darüber. Ernst war der Ansicht, dass wir ihn in Ruhe lassen müssten. Wenn er das Bedürfnis hätte, Fragen zu stellen, würde er es tun. Es wäre schließlich eine harte Nuss, die er erst einmal zu knacken hätte, und er bräuchte vermutlich ein wenig Zeit dafür. Ja, der Meinung war auch ich. Aber der richtige Zeitpunkt schien niemals zu kommen, und dann verdrängten wir es alle für eine Weile. Einmal noch fragte ich, ob er denn daran interessiert wäre, dass wir seine Herkunft recherchierten, doch er lehnte es damals noch entschieden ab. Das änderte sich schlagartig, als er Franzi mit nach Hause brachte. Ihre Geschichte, mit der sie im Übrigen sehr offen umging legte auch seine Herkunft wieder in den Fokus unseres Interesses, das niemals so ganz erloschen war. Im Internet schließlich meldete ich mich bei einem Forum an, in dem adoptierte Kinder aus der DDR ihre Eltern suchten. Ich schrieb, wo und wann ich ihn gefunden hätte, mehr nicht. Ich wollte nicht, dass uns jemand aus Wichtigtuerei etwas bestätigte, das er einzig aus meinem Aufruf kannte. Aber es schien umsonst zu sein. Ich war drauf und dran, aufzugeben, als sich eines Tages Frau Dankwart meldete, die behauptete den Vorgang seinerzeit beobachtet zu haben. Wir vereinbarten ein Treffen in einem Café in den Hackeschen Höfen. Als ich den Raum betrat, fiel mir ein, dass ich nichts von ihr wusste, außer ihrem Namen. Ich wusste weder, wer sie war, wie alt, wie groß, wie dick, und sie wusste genau so wenig von mir. Fast, denn sie hatte mich vor Jahren angeblich dabei gesehen, wie ich das abgelegte Kind vor der Charité hochgehoben und mich danach kurz umgesehen hatte. Wie sollte man sich da wohl erkennen können. Wie dumm aber auch. Nicht einmal unsere Mobilnummern hatten wir ausgetauscht. Das Café war relativ voll. Ich setzte mich an den einzigen Tisch, der noch frei war. Von hier aus konnte ich sowohl die Türe als auch die bereits anwesenden Gäste beobachten. Es gab außer mir nur zwei Frauen allein an einem Tisch. In der Ecke, links von mir gesehen, saß eine Frau, die Kreuzworträtsel löste, eine andere, in der Mitte des Raumes, war gerade damit beschäftigt, zu bezahlen. Ich stand auf und trat auf die andere Frau zu, um sie zu fragen, ob sie Frau Dankwart wäre, da wurde ich von hinten angesprochen. Die Person, die hinter mir stand, lächelte mich freundlich an:

»Sie sind Frau Rinke, stimmt's? Ich habe Sie gleich erkannt. Sie haben sich überhaupt nicht verändert.«

Es war Frau Dankwart. Sie hatte mich tatsächlich erkannt. Sie wusste, dass es grau gewesen war an diesem Morgen, als hätte man ein Gewitter erwartet. Sie wusste, dass später die Sonne aufgezogen war, sie erinnerte sich an die Uhrzeit, als das Baby vor die Türe gelegt worden war, sie wusste, dass ich aus einem weißen Trabant ausgestiegen war und sie beschrieb mir meinen hellblauen Sommermantel mit den Goldknöpfen, den ich an diesem Tag tatsächlich getragen hatte. Ich glaubte ihr. Sie erzählte mir, was sie gesehen hatte. Es war nicht viel, doch es hatte in ihr einen bleibenden Eindruck hinterlassen. Sie hätte ein sehr junges Mädchen, das sie eigentlich mehr für ein Kind gehalten hätte, beobachtet. Es wäre ihr aufgefallen. Niedlich wäre es gewesen, hübsch, aber irgendwie verhuscht, dünn und höchstens eins sechzig groß. Es hätte sich umgesehen, das Bündel an sich gedrückt und ein ums andere Mal geküsst. Dann hätte sie es vorsichtig vor die Türe gelegt und wäre schnell davon gerannt. Frau Dankwart hätte noch beobachtet, wie sie sich weinend hinter den Toreingang zu einem Wohnkomplex gestellt hätte und erst, nachdem ich gekommen und mit dem Bündel in der Charité verschwunden, auf einmal weg gewesen wäre. Sie, Frau Dankwart hätte sofort an einen Säugling gedacht. Sie hätte das Mädchen noch gesucht, aber nicht mehr gefunden, obwohl sie sogar an allen Türen im Umkreis geklingelt hätte. Auf meine Frage, warum sie in der Charité nicht nachgefragt hätte, sagte sie:

»Um das Baby machte ich mir keine Sorgen. Es sah danach aus, als wäre es in den bestmöglichen Händen. Ich machte mir Sorgen um das Mädchen.«

Sie schwieg und sagte dann:

»Ich habe dann nicht mehr daran gedacht. Das heißt, ich dachte, es käme schon alles in Ordnung. Und dann ging es mich ja eigentlich auch nichts an. Wenn ich in der Charité etwas gesagt hätte, wer weiß, was man mir dann unterstellt hätte. Ich hätte eine Aussage machen müssen, und stand doch damals schon im Visier der Stasi.«

Wieder schwieg sie und sah mich direkt an.

»Wir haben alle entsetzlich gelitten. Ich weiß nicht, wie es ihnen damals ergangen ist. Sie hatten immerhin einen Trabi, aber uns ging es wirklich schlecht, das kann man so sagen. Meine Schwester hatte rüber gemacht, und danach gab es für uns nicht mehr viel zu lachen. Meine Mutter starb an einem Herzinfarkt, als ich im Gefängnis war. Ich erfuhr es erst nach meiner Entlassung von einer Nachbarin, nachdem ich meine Mutter vergeblich gesucht hatte. – Da war sie bereits begraben.«

Ihre Hände lagen gefaltet auf dem Tisch und ich legte meine beiden Hände darauf. Als ich sah, wie ihre Mundwinkel zitterten, sagte ich:

»Ich danke Ihnen!«

Ich sah, wie eine kleine Träne, die sich nicht hatte aufhalten lassen, an ihrer Nase vorbei rollte, noch für den Bruchteil einer Sekunde an ihrem Kiefer hängen blieb, auf ihren Pullover fiel und augenblicklich darin versickerte. Ich dachte an das kleine Mädchen, das mir ihr Kind vor die Türe gelegt hatte, und eine heftige Rührung erfasste mich. Die Träne hatte eine glitzernde Spur im Gesicht von Frau Dankwart hinterlassen, wie die Laufspur einer winzigen Schnecke. Und mit einem Mal musste ich an unseren ersten Urlaub in Ungarn denken. Wir waren an einem kleinen See einquartiert und hatten ein eigenes Häuschen, eine kleine Datsche zu unserer Verfügung. Ernst liebte es, auf dem kleinen See im Boot zu sitzen und zu angeln. So auch jetzt. Ich war noch im Häuschen und brachte Robert zum Mittagsschlaf ins Bett. Als er tief und fest schlief, zog ich mir den Badeanzug an um eine Runde im See zu schwimmen. Ich schwamm zum Boot. Von dort aus wollte ich wieder ins Wasser springen, um zurück ans Ufer zu schwimmen; denn ich wollte das Kind nicht alleine lassen. Normaler Weise dauerte sein Mittagsschlaf genau zwei Stunden. Wir dachten oft, dass wir die Uhr danach hätten stellen können. Am Boot angekommen, senkte sich mit einem Mal dichter Nebel herunter. Wir konnten das Haus nicht mehr sehen.

»Lass uns zurück rudern!«, sagte Ernst, und ich stimmte zu.

Wir verloren kurz die Orientierung und brauchten relativ lange, um das Ufer zu erreichen. Aber wir waren insgesamt höchstens zehn Minuten unterwegs gewesen. Der Nebel hatte sich wieder etwas gelichtet, und wir sahen Robert sofort, als wir auf den Bootssteg zuhielten. Da stand er, winzig klein und schüttelte sich vor Schluchzen. Er stürzte mir in die Arme und schrie von heftigen Konvulsionen unterbrochen:

»Mama, Robbi weink!«

Er sprach schon sehr gut, aber sein T war lange Zeit ein K. Ich wusste nicht, warum, aber daran musste ich nun denken. Noch immer lagen meine Hände auf den ihren, die ich nun drückte.

»Meine arme Frau Dankwart!«, sagte ich, und nun weinte sie richtig.

Ihre Schultern beugten sich leicht nach vorne, während sie ihren Tränen freien Lauf ließ. Ich reichte ihr ein Papiertaschentuch, das sie mechanisch nahm, und dann genau so mechanisch zerrupfte. Sie bemerkte es, sah meinen Blick und flüsterte:

»Verzeihen Sie!«

»Schon gut!«, beruhigte ich sie. »Ich kenne das. Tief in uns drin, im untersten Schlupfloch unserer Seele ist immer ein gewisses Kontingent von Trauer. Manchmal schwillt es an, dann sind wir randvoll mit diesen Gefühlen und wenn diese überhandnehmen, tun wir automatisch Dinge, die wir als Kinder verinnerlicht haben. Sonst würden wir implodieren. »Nun,« sagte ich lächelnd, »Sie haben sicher als Kind schon Papiertaschentücher zerpflückt.«

»Nein!«, lachte sie nun unter Tränen und schüttelte den Kopf. »Zeitungen, Papiertaschentücher haben wir nicht benutzt. Aber ich hatte immer in Quadrate zerschnittene Zeitungsblätter in der Tasche zum Naseputzen. Die waren billiger!«

»Ich nehme an, sie kosteten gar nichts!«, warf ich ein.

»Stimmt, aber man bekam davon eine schwarze Nase.«

Und dann lachten wir beide.

8

Alles andere sollten wir erst nach Franzis und Julians Tod erfahren. Bei der Trauerfeier im Krematorium lernten wir Elisabeth kennen. Ich erinnerte mich, dass ich sie schon zur Hochzeit der Kinder gesehen hatte, doch damals kaum zwei Worte mit ihr gesprochen hatte. Ich hatte sie für eine Freundin von Franzis Eltern gehalten, was sie im Grunde genommen auch war. Wir weinten alle, als der hölzerne Sarg mit den Überresten der beiden Menschen, die wir geliebt hatten, dem Feuer entgegen fuhr, damit es das vollende, was Franzi begonnen hatte.

»Staub sind wir«, hatte kurz zuvor der Priester in der Aussegnungshalle gesagt.

Wir mussten Robert stützen, der nicht alleine gehen konnte. Ich hielt ihn am rechten Arm und Elisabeth hielt ihn, den sie aus den Erzählungen ihrer besten Freundin Nina kannte, am linken Arm. Nun erst wusste sie, wer er war und führte ihn, fassungslos vor Schmerz. Und wir sollten erfahren, wer sie war, von der er sich zu der Rampe führen ließ. Wir erfuhren, dass sie mit Roberts und Franzis leiblicher Mutter eine Gefängniszelle geteilt hatte und während der etwas mehr als sieben Monate ihrer Schwangerschaft deren einzige

Vertraute gewesen war. Sie war dabei gewesen, als die Wehen einsetzten und hatte ihr geholfen. Sie hatte die Wachen gerufen und später die Hand der verzweifelten Frau gehalten. Sie war bei ihr gewesen, als sie starb. Als die Klappe sich öffnete und der Sarg auf den zwei Schienen in das glutrote Quadrat einfuhr, ging ein Beben durch die Trauergemeinde, die in einem einzigen, vielstimmigen Leidensakkord verschmolz. Es war nur ein kurzer Moment, die Klappe schloss sich wieder hinter den beiden und es schmerzte, als hätten sie jetzt erst ihr Leben verloren, als wären sie nicht schon längst von dem Feuer, das Franzi entfacht hatte, verzehrt worden, als hätten wir sie bis zu diesem Zeitpunkt retten können, als begingen wir nun einen gemeinsamen Mord. Es war der Moment, in dem mir meine Schuld bewusst wurde, ein unweigerlicher Moment, der später immer wieder jäh in mir aufblitzen sollte, durch die unterschiedlichsten Begebenheiten, Bilder, Töne, Farben ausgelöst und den ich nie wieder ganz los werden sollte. Roberts Schrei schnitt mir durch den Körper und löste einen physischen Schmerz aus, als würde ich entzwei geschlagen. Ich dachte an das Damoklesschwert, das unbemerkt all die Jahre über uns gehangen hatte, seit jenem Tag, als ich das Bündel vor der Charité gefunden hatte und der uns lange als der glücklichste Tag in unserem Leben erschienen war.

»Du bist nicht allein, mein Baby!«, flüsterte ich ein ums andere Mal. »Du bist nicht allein!«

Ich wusste es besser. Er war allein. Ein jeder von uns war allein und würde es bleiben, auch wenn wir eng aneinander gedrückt standen und uns im Arm hielten. Der geringstmögliche physische Abstand, die größtmögliche physische Nähe, wären von nun an nie mehr in der Lage, die Distanz zu überwinden, die für alle Zeiten zwischen uns liegen sollte.

9

Ich dachte oft an Nina, die, selbst fast noch ein Kind, Robert geboren hatte und wenige Monate später noch immer den Körper eines Kindes hatte, als man sie ihrer Tochter entband. Ich dachte an die Sinnlosigkeit dieser Tragödie. Warum wurde der Säugling mit allen damals zur Verfügung stehenden Mittel am Leben erhalten, während man die Mutter hatte sterben lassen. Wo mochte der Sinn eines solchen Zynismus liegen? Nun waren alle tot bis auf Robert, der seine Schwester und Geliebte sowie ihr gemeinsames Kind für immer verloren hatte. In ihm vollzog sich der Höhepunkt einer Unglückslinie, einer Schuld, die er auf sich nahm, um bis an sein Lebensende von »Erinnyen gejagt« zu werden. Was wäre geschehen, wenn sein Vater Karl den Fluchtversuch in die BRD nicht unternommen hätte? Vielleicht lebten sie heute noch glücklich zu viert in irgend einer deutschen Stadt, im Westen oder Osten, das wäre jetzt egal. Robert wäre vielleicht verheiratet, genau wie seine Schwester. Vielleicht hätten beide Kinder, und am Wochenende würde sich die ganze Familie bei den Eltern treffen. Wir hätten Robert nicht kennengelernt und infolgedessen auch nicht vermisst, und Franzis Eltern wäre es genau so ergangen. Immer und immer wieder spielte ich diesen Gedanken durch, bis ich merkte, dass er mich verrückt zu machen drohte. Ich dachte an Franzis Eltern, deren Leben nun ihres einzigen Glücks beraubt war, ich dachte an Elisabeth, und ich dachte an uns, an Ernst, mich und unseren Robert, der seit Franzis »Gang über die Brücke« wie ausgelöscht war. Er bewegte sich kaum noch, starrte nur immer vor sich hin und sprach mit niemandem mehr außer mit sich selbst. Dies allerdings tat er ausgiebigst. Er begann, alles, was er tat zu kommentieren, dabei schien er die Menschen um ihn herum nicht wahrzunehmen. Er hatte uns aus seinem Leben ausgeblendet. Und doch war jeder Satz der Versuch, jedwede seiner Handlungen zu rechtfertigen. Dabei sprach er von sich in der dritten

Person, die er den fliehenden Robert nannte, als hätte er sich selbst als das eigentliche Subjekt eliminiert. Das hörte sich dann so an:

»Jetzt macht der fliehende Robert die Türe auf, weil er den Raum verlässt. Er tut dies, um zur Toilette zu gehen.«

Er floh, dieser »fliehende Robert«, aber er entrann sich nicht. Wir zogen einen Psychiater hinzu, der bei ihm einen schweren Schuldkomplex diagnostizierte, nachdem er den Versuch unternommen hatte, sich mit ihm zu unterhalten. Robert hätte ihn nicht einmal angesehen und beständig mit sich selbst geredet, sagte uns der Arzt später. Dabei bezog er ihn durchaus in seine Rede mit ein.

»Es gibt einen Mann, der wissen möchte, was den fliehenden Robert bewegt«, sagte er beispielsweise. »Das ist schnell zu beantworten: Nichts. Wenn der Mann nun die Frage aufwürfe, was ihn umtreibt, dann müsste man ihm antworten, dass Erinnyen ihn jagten, doch nein, das wird ihm so schnell niemand sagen können, denn die Erinnyen mögen das nicht. Es käme einem Verrat gleich.«

Er war verloren, unser Robert. Wir hätten ihn zu seinem eigenen Schutz in eine Psychiatrie einweisen lassen müssen, doch da er niemandem etwas zu Leide tat, behielten wir ihn zu Hause und versuchten, ihm das Leben so angenehm zu machen, wie es in dieser Situation möglich war. Wir hatten einen Rund-um-die-Uhr Betreuungsplan ausgearbeitet, der dafür sorgte, dass er nie allein und unbeaufsichtigt war. Ernst arbeitete nach wie vor in seiner Praxis, doch hatten wir nun eine Sprechstundenhilfe engagiert, da ich mich jetzt verstärkt um Robert kümmern wollte. Elisabeth, die mir immer mehr zur Freundin wurde, war in den Plan mit einbezogen. Wenn sie da war, saß er nur in der Ecke, starrte finster vor sich hin und ließ sie reden. Sie erzählte von seiner Mutter und sang ihm Lieder vor, von denen sie wusste, dass Nina sie während der Schwangerschaft im Gefängnis ihrem ungeborenen Kind vorgesungen hatte. Er schien nicht zu reagieren und sprach auch nicht mit ihr. Doch sobald Elisabeth den Raum verließ, versuchte er sie zurückzuhalten.

Er schrie: »Nun will sie wieder gehen und den fliehenden Robert verlassen. Doch wenn sie es tut, dann ist es für immer!«

Es war entsetzlich. Und es sollte so weitergehen, ohne dass eine Besserung in Sicht wäre. Im Gegenteil, es sollte alles noch weit schlimmer kommen.

10

Eines Tages hatten wir nicht richtig aufgepasst. Ich saß an meinem Schreibtisch und schrieb etwas, genauer ich füllte irgend einen Antrag aus, eine Tätigkeit, die ich immer wieder vor mir her geschoben hatte, und nun hatte ich mich tatsächlich dazu aufgerafft und saß davor. Da kam Ernst aufgeregt herein gestürzt. Er schrie:

»Er steht auf dem Dach! Mit einem Schirm! Er bringt sich um! Schnell! Die Nachbarin hat mich in der Praxis angerufen. Schnell!«

Wir rannten auf den Dachboden. Dort gab es eine Dachluke, durch die er auf das Dach gelangt war. Darunter lehnte noch die Leiter. Erst kletterte mein Mann hinauf und kroch durch die Luke hinaus und dann ich. Robert stand auf dem schrägen Dach und hielt mit dem Schirm in der Hand einen Vortrag an die Elemente:

»Ihr Elemente, hört zu: Heute kommt der fliehende Robert. Er flieht, damit die Flucht ein Ende hat! Habt ihr gehört? Nehmt ihn gebührend in Empfang! Ihr werdet ihn zu eurem König machen müssen!«

Wir waren wie erstarrt. Ich hielt mich an dem gemauerten Schornstein fest. Meine Angst, abzurutschen und in die Tiefe zu stürzen, war enorm. Ich sah, dass auch Ernst vor Angst zitterte, doch seine Angst galt mehr seinem Sohn als ihm selbst. Er wollte auf ihn zugehen, rutschte aber beim ersten Versuch, einen Schritt zu machen auf den Ziegeln aus, kam auf den Rücken zu liegen und landete mit den Füßen voran in der Dachrinne. Ich schrie vor Panik. Doch da drehte sich Robert vorsichtig um, kroch zurück zur Dachluke und verschwand mit seinem Schirm, den er zuvor sorgsam zugeklappt hatte, im Haus. Ich hielt mich immer noch am Schornstein fest, unfähig, irgend etwas zu unternehmen. Ernst, der für einen Moment die Fassung verloren hatte, drehte sich nun vorsichtig auf den Bauch und stand mit den Fußspitzen in der Dachrinne. Ich verlor fast den Verstand, als ich sah, wie diese langsam nachgab und sich nach unten hin leicht verbog. Es war ein Albtraum aus dem ich erwachte, als sich die obersten Spitzen einer Leiter über die Dachrinne schoben und ein behelmter Feuerwehrmann, der von der Nachbarin gerufen worden war, auf das Dach kletterte, um Ernst und mich zu befreien. Ernst gelang es, den Weg über die Leiter hinunterzugehen, und ich schaffte es mit der Hilfe des Mannes zurück zur Luke zu kriechen und im Dach zu verschwinden. Allerdings hatte Robert seiner Logik zufolge, die uns ausschloss, die Leiter unter dem Fenster entfernt, sodass ich auf den Boden fiel und mir den rechten Knöchel verstauchte. Beim Versuch, mich aufzurichten, sah ich Robert in einer Speicherecke sitzen und hörte, wie er leise mit dem Schirm sprach:

»Er hat versagt, der fliehende Robert. Die Flucht hat sich ihm verweigert. Der Schirm ist nicht daran Schuld. Es ist der fliehende Robert selbst, dem die Aufwinde nicht länger gehorchen wollen. Denn aus der Asche steigt kein Phönix.«

11

Wir dachten beide, wir hätten ihn verloren, unseren Sohn. Auf Anraten des Psychiaters brachten wir ihn in eine sehr gute Klinik in Brandenburg, zu deren Ärzten und Schwestern, die wir kannten, wir großes Vertrauen hatten. Robert schien es nicht das Geringste auszumachen. In seinem nach innen gekehrten Autismus, bemerkte er uns nicht, die ihn hin brachten; und als wir uns verabschiedeten, um zu gehen, reagierte er nicht. Ich nahm ihn in den Arm, und er blieb steif wie eine Puppe. Ich musste daran denken, wie er damals reagiert hatte, als ich ihm eröffnete, dass er nicht unser leibliches Kind wäre. Damals hatte ich nichts Ungewöhnliches darin gefunden. Mehr noch, ich war erleichtert und dachte, er hätte es sehr viel weniger schwer aufgenommen, als ich befürchtet hatte. Doch nun, als ich ihn anderen Leuten anvertraute, fühlte es sich genau so an, wie damals, und ich begann, die Situation in meiner Erinnerung zu hinterfragen. Ernst und ich verließen ihn. Schweigend fuhren wir nach Hause, zurück in unser leeres, stilles Zuhause. Hier, wo wir so glücklich gewesen waren, wie nur möglich, war der Tod eingezogen. Das Tor öffnete sich automatisch, wir fuhren hindurch, das Tor schloss sich wieder. Wir schwiegen. Ernst fuhr das Auto in die Garage, während ich ins Haus ging. Ich wollte Kaffee zubereiten und auf Ernst warten. Als er kam, stand er lange vor mir, bevor er mich in den Arm nahm und an sich drückte.

»Ich fühle mich schuldig!«, sagte er, und ich verstand ihn.

»Ich auch, ich fühle mich auch schuldig! Wir hatten doch schon von Anfang an so ein seltsames Gefühl. Wir hätten dem nachgehen sollen.«

»Aber wir haben es nicht getan!«, rief er.

»Nein, wir haben es nicht getan«, bestätigte ich.

»Und was jetzt?«

»Ich weiß es nicht …«

»Glaubst du, er kommt wieder zu sich?«

»Ich hoffe es – es ist ein Albtraum.«

Mir liefen Tränen über das Gesicht, die er mit einem Taschentuch abwischte.

»Bitte, lass mich weinen! Es tut mir gut«, bat ich ihn und er nickte.

Wir fühlten uns wie zwei kleine Kinder, die sich im Wald verirrt hatten. Es war dunkel und überall um uns her lauerten Gefahren, die wir nicht kannten und vor denen wir eine höllische Angst empfanden. Ich dachte, mit ihm an meiner Seite, finde ich den Weg wieder hinaus aus diesem Dunkel. Ich lächelte ihn an, und er strich mir über das Haar.

»Danke!«, sagte ich. »Ich danke dir!«

Nach dem Abendessen, bei dem wir beide nicht viel hinunter bekamen, wollten wir schnell zu Bett gehen. Schließlich konnten wir damit rechnen, dass die ersten Patienten schon um acht Uhr vor der Türe stehen würden. Ich räumte den Tisch ab, während er im Badezimmer verschwand. Als er eine halbe Stunde später immer noch nicht zurück war, ging ich hinauf, um nach ihm zu sehen. Ich klopfte erst an der Türe, und rief dann nach ihm. Er antwortete nicht. Ich dachte:

»Bestimmt ist er gleich ins Bett gegangen. Er war so müde.«

Aber ein wenig verletzte es mich, dass er sich nicht verabschiedet hatte.

»Bei all dem, was wir heute erlebt haben«, dachte ich, »hätte er doch wenigstens Gute Nacht sagen können!«

Ich öffnete die Türe des Badezimmers, trat ein und sah ihn ohnmächtig auf den Steinfliesen liegen.

12

Ich weiß nicht, woher ich die Kraft nahm, die Nerven nicht zu verlieren. Ich verhielt mich absolut wie eine Krankenschwester, das war ich gewohnt. Es funktionierte wie ein bedingter Reflex. Erst als der Arzt Ernst auf der Trage in den Rettungswagen gehievt hatte und medizinisch versorgte, ergriff mich die Panik. Ich fuhr mit ins Krankenhaus. Ich rannte neben der Trage her bis zur Notaufnahme, wo man mir riet, draußen zu warten. Wahrscheinlich war es das Vernünftigste. Später saß ich an seinem Bett und fand ihn nicht mehr. In nichts fand ich ihn wieder. In diesem Augenblick wusste ich nicht einmal mehr, ob ich ihn überhaupt noch liebte. Ich dachte, dass ich ihn lieben sollte, da dies doch mein Mann wäre. Aber ich fand nichts mehr davon in mir. Oft musste ich über ihn lachen. Ich lachte ihn aus und musste mich bemühen, es ihm nicht zu zeigen.

Das Schlimmste an der Sache war allerdings, dass ich mich nach ihm sehnte, so, als hätte ich ihn verloren und wünschte mir, ihn wiederzufinden, was nicht gelang. Noch später hatte ich mich darauf eingestellt, dass er mich weder erkannte noch das Bedürfnis hatte, mit mir in Kontakt zu treten. Und noch viel später, fast sechs Wochen nach dem Schlaganfall spürte ich plötzlich seine Verzweiflung, mit der er selbst den Weg zu mir suchte, seine Verzweiflung, mit der er mir versuchte, zu zeigen, dass er mich erkannte und mit mir sprechen wollte, ohne die Möglichkeit der Sprache. Das war der Moment, als mir wieder klar wurde, was er mir bedeutete. Der Moment, in dem es wieder eine Verbindung gab zwischen ihm und mir. Von nun an begriff ich ihn und wollte ihn retten, ohne zu wissen, ob es je eine Besserung seines Zustandes würde geben können. Im Nachhinein denke ich, dass es gut war, nicht in die Zukunft zu sehen, die nichts als die Bestätigung alles Negativen brachte. Damals wollte ich um ihn kämpfen, um gemeinsam mit ihm für Robert kämpfen zu können, um die Erinnerung an glückliche Zeiten wieder aufleben zu lassen, und eigentlich, wenn ich ehrlich mit mir selbst war, das Geschehene zu verdrängen, um es dadurch ungeschehen machen. So vieles hatten wir miteinander gemeistert. Wir hatten ein schönes Leben gehabt – bisher; doch nun war alles anders. Ernst war krank und Robert war krank. Doch ich war am Leben, gesund und fühlte mich schuldig.

13

Elisabeth zog zu uns ins Havelhaus. Sie zog in die Wohnung meiner Mutter, die schon einige Jahre zuvor gestorben war. Einerseits fehlte mir diese nun, andererseits empfand ich es als Glück für sie, dass ihr der Schmerz, den wir jetzt durchlebten, erspart geblieben war. Elisabeth war eine wunderbare Frau, von der ich nicht nur eine Menge über Nina erfuhr, sondern auch eine Art der Menschlichkeit, die ich bis dahin nicht gekannt hatte. Sie war eine Frau, der der wahre

Sozialismus, wie sie es nannte, die einzige mögliche Lebensform war. Sie war voller Liebe. Solidarität bedeutete für sie nicht nur ein Wort, und sie bewies es. Vielleicht war sie die einzige wirkliche Sozialistin, die ich je kennenlernen durfte.

»Hör mir auf mit dem Gesindel!«, rief sie, wenn ich sie auf die Machthaber der DDR und deren Vasallen ansprach. »Da war doch keiner mehr ein Sozialist!«

Auch ihr Vater war ein eifriger Vertreter des Regimes gewesen, dem er unterwürfig bis zur Selbstaufgabe diente.

»Natürlich haben wir uns in erster Linie an unseren Eltern orientiert«, beteuerte sie. »Für mich und die meisten meiner Freunde waren sie die wichtigsten Vorbilder, noch vor meinen Freunden. Und je älter ich wurde, desto wichtiger wurden sie und ihre Meinung für mich; im Gegensatz zu meinen Freunden, denen ich zunehmend misstraute. Ich habe meine Eltern bewundert. Sie waren keine Nazis. Alles, was aus dem Westen kam, war für mich faschistoid, und unsere Leute waren der Widerstand. Sie verkörperten die Rebellion gegen das Böse, das Unmenschliche. Was für ein Missverständnis! Ich weiß, dass unsere Erziehung schief gelaufen ist. Ich bin davon überzeugt, dass die Ursache für die Gewaltbereitschaft und die Fremdenfeindlichkeit in Ostdeutschland in unserer verkorksten Erziehung lag, die uns einerseits die Individualität beschnitten hat, nein, was sage ich, sie haben uns dieser Individualität beraubt. Im Gleichschritt Marsch – so war es doch von Anfang an üblich, und das hat im Grunde nichts als Seelenkrüppel erzeugt, die nur dadurch stark werden, dass sie gewalttätig sind. Uns hat die Angst erzogen. Die Angst war es, die Leute wie Frau Steinberg hervor gebracht hat, Kriecher und Denunzianten!«

»Ja, aber glaubst du denn wirklich, dass es in der BRD anders war? Meinst du, die hatten keine Angst?«

»Ganz sicher!«, rief sie, »die hatten auch Angst, die hatten vor allem Angst vor uns eingebläut bekommen, und wir fühlten uns im Recht. Aber das Schlimmste war, dass wir vor unseren eigenen

Leuten Schiss hatten. Wenn einer in Uniform daherkam, dann hat man doch sofort den Schwanz eingezogen. Und die in Uniform fühlten sich wie die Könige. Nicht nur die von der Volksarmee, auch die Betriebskampfgruppen der SED, die von der GST, vom Zollverband und wie sie sonst noch alle hießen, sogar die Kinder von der FDJ, wenn die in ihrer Uniform steckten, dann gehörten sie dazu, dann waren sie jemand. Alles Truppen, da brauchen wir uns nichts vorzumachen. Sogar die von der Reichsbahn liefen rum wie Graf Rotz von der Ecke und glaubten, was Besseres zu sein, nur weil sie ihren Einheitsfummel trugen.

»Mit Schulterstücken und Rangabzeichen!«, erinnerte ich mich.

»Es ist lächerlich«, sagte sie, »obwohl es weiß Gott nicht zum Lachen war.«

Sie machte eine Pause und brütete eine Weile vor sich hin. Dann sah sie mich an und seufzte.

»Mich wundert es nicht, dass so viele Jugendliche zu den Rechten abwandern. Dort herrschen die Zucht und Ordnung die sie gewohnt sind, da fühlen sie sich zuhause, da haben sie ihr Gruppengefühl, sonst haben sie ja nichts; die meisten von ihnen sind arbeitslos und haben keine Aussicht, jemals einen Job zu bekommen. Sie tun mir Leid.«

»Und das aus deinem Mund!«

»Ja. Ich war Sozialistin, und ich bin es noch. Mehr denn je zuvor. Aber das, was bei uns war, das war kein Sozialismus. Den haben sie gekillt. Ein für allemal kaputt gemacht. Zumindest in der Form. Und ich will dir mal was sagen, es ist gut so. Denn der Sozialismus war so weit von ihrem brutalen Regime entfernt, wie der Nordpol vom Südpol. Ich schäme mich heute noch dafür, wenn ich daran denke.«

»Ja«, bestätigte ich, »das war es wohl.«

Ich dachte daran, dass Erich und Margot Honecker nach Chile ins Exil gegangen waren, als die DDR zusammenbrach. Auch viele Naziverbrecher hatten nach dem Krieg dort Unterschlupf gefunden. Der ehemalige Staatsratsvorsitzende war dort verstorben, und ausgerechnet seine Frau wurde 2008 von Nicaraguas Präsident Ortega mit einem Orden geehrt; dieselbe Frau, die als Bildungsministerin die Vorbereitung auf den Wehrdienst auf den Lehrplan gesetzt hatte; und zwar an allen Schulen, bis hin zu den Hochschulen und Universitäten.

»Ich bin heilfroh, dass es vorbei ist«, sagte ich.

»Ich bin traurig, dass es nicht stattgefunden hat«, sagte sie.

14

In dem Maß, in dem es Robert immer besser ging, verschlechterte sich Ernsts Zustand. Er hatte zwar gelernt, wieder fast fehlerfrei zu sprechen, doch er verfiel zusehends. Er erkannte mich, er erinnerte sich an alles, seinen Sohn, die Tragödie, die zu seinem Schlaganfall geführt hatte, und fast hätte ich mir gewünscht, es wäre anders gewesen. Denn nun wurde er schwermütig. Er versank in Trauer und Melancholie. Kaum dass er mich sah, wenn ich ihn besuchte, begann er auch schon zu weinen und sich regelrecht an mich zu klammern.

»Was haben wir getan, dass Gott uns so straft?«, fragte er eines Tages.

Er schluchzte wie ein kleines Kind in atemlosen Konvulsionen, die mir in die Seele schnitten.

»Was haben unsere armen Kinder verbrochen?«, brach es aus ihm heraus. »Was konnte der kleine Juli dafür? Verflucht, dieses System, in dem das Einzelschicksal für wertlos erklärt wurde! Verfluchte DDR!«, rief er ein ums andre Mal.

Ich verstand ihn. Dennoch versuchte ich, ihn zu beruhigen. Antworten auf seine Fragen, die auch ich mir stellte hatte ich nicht. Woher auch? Wir waren Opfer, und wir fühlten uns schuldig. Ich nahm meinen zitternden Mann in den Arm und wiegte ihn hin und her, als wäre er mein Kind. Dabei flüsterte ich:

»Gut! Alles wird gut! Alles wird wieder gut! Er wird wieder gesund. Ihr beide werdet wieder gesund. Bald seid Ihr wieder zu Hause bei mir im Havelhaus. Alles wird gut!«

Ich glaubte selbst nicht daran, dass jemals wieder etwas gut werden würde und spürte, wie auch mir die Tränen über das Gesicht liefen. Ich wünschte es inständig, doch fühlte ich, es war zu spät. In dieser Nacht schlief ich bei ihm in der Charité, und als ich am nächsten Morgen aufwachte, lag er lächelnd in meinem Arm. Er sah mich so seltsam starr an. Ich küsste ihn und bemerkte seinen unveränderten Blick. Ich hatte als Krankenschwester immer wieder mit dem Tod zu tun gehabt, doch den Tod meines Mannes erkannte ich zunächst nicht. Dann durchfuhr es mich heiß. Ich sprang aus dem Bett und rannte hinaus auf den Flur. Ich schrie förmlich nach der Nachtschwester, die gerade im Begriff war, den Dienst zu übergeben. Sie war es, die ihm die Augen schloss.

»Er ist noch keine zehn Minuten tot«, sagte sie, und wieder fühlte ich mich schuldig.

Zehn Minuten zuvor hatte ich in den letzten Zügen meines Schlafes gelegen. Ich fragte mich, warum ich nicht früher aufwachen konnte. Vielleicht hätten wir ihn retten können. Wie oft hatten wir gemeinsam Patienten zurückgeholt, die verloren schienen. Wieder hatte ich versagt. Es war der Tag, an dem Robert entlassen werden sollte. Jenny, die sich rührend um ihn gekümmert und ihn täglich besucht hatte, wollte ihn abholen und nach Hause bringen. So schlecht es Ernst ging, hatte er sich doch darauf gefreut, seinen Sohn wiederzusehen. Eine Woche später hätte auch er entlassen werden sollen. Man wusste ihn in der Obhut einer Krankenschwester, und da der diensthabende Arzt ein Freund von Ernst war, hatte er versprochen, täglich nach ihm zu sehen. Das war nun alles hinfällig. Ich fühlte mich verwaist und spürte, wie mir allmählich der Boden unter den Füßen weggezogen wurde.

15

Jegliche Zuversicht war verloren. Ich befand mich im freien Fall und in mir zuckte die Angst vor dem Augenblick in dem ich unten aufschlagen würde. Das war mir zu keinem Zeitpunkt schmerzhafter bewusst, als damals, als ich vor dem geöffneten Grab meines Mannes stand und sah, wie der Sarg langsam hinunter glitt ins Absolute.

»Mein Ernst, mein Freund, mein Mann, der Vater meines Sohnes!«, hämmerte es in meinem Schädel, und ich war davon überzeugt, niemals wieder ein Lächeln, geschweige denn ein herzhaftes Lachen zustande zu bringen.

Mechanisch warf ich die rote Rose hinunter zu ihm und hörte den hohlen Klang des Aufpralls auf das Holz als hätte ich einen Stein auf den Sarg geworfen. Mechanisch ergriff ich die Schaufel, die mir der Priester reichte und mechanisch bückte ich mich, um sie mit der gelben Erde zu füllen, die aufgeschüttet neben der Grube lag.

»Wie viele Menschen mögen bereits mit dieser Erde verschmolzen sein?«, fragte ich mich und fühlte Eifersucht mit den fremden, unbekannten Körpern, die sich nun mit dem Körper meines Geliebten verbinden würden. Ich ließ die Erde hinunterfallen und lauschte der dumpfen Antwort.

»Machs gut, mein Freund«, dachte ich. »Du hast es hinter dir. Wer weiß, was noch alles auf uns zukommt?«

Karlheinz

1

Ich fand es immer widerlich, wenn ich von den Alten hörte, sie hätten nicht gewusst, was die Nazis tatsächlich mit den Juden machten. Das hat ja wohl jeder gewusst, der es wissen wollte und ein bisschen genauer hin sah. Und jetzt sind wir in der Situation, dass wir uns dafür rechtfertigen müssen, was in der DDR passiert ist. Ich war zufrieden hier. Natürlich ist es nicht richtig, jemanden zu erschießen, nur weil er weg will, oder Leute, die der Sache kritisch gegenüber stehen, einzulochen. Dass hier jeder jeden bespitzelt hat, das lag nur am Staat, der einen dazu zwang. Hätte sich mal einer weigern sollen! Dann wäre er bestimmt auch bald in Bautzen oder Hohenschönhausen gelandet. Man darf nicht kategorisch verurteilen, wenn man die Situation nicht wirklich kennt. Es ist immer die Angst, mit der ein totalitäres Regime bei seinen Leuten spekuliert um sie bei der Stange zu halten. Aber in unserem Normalleben haben wir gar nichts davon mitgekriegt, wenn da ein Regimekritiker eingesperrt oder ein Flüchtling an der Grenze erschossen wurde. Wenn ich so darüber nachdenke, sind meine Argumente jetzt genau wie die Argumente der Alten, die sich schuldig fühlen wegen der Nazizeit. Was, wenn wir uns alle geweigert hätten? Wäre das möglich gewesen? Sicher kann man uns vorwerfen, dass wir es nicht versuchten. Ich habe nie einen Anlass gehabt. An mich ist nie jemand herangetreten, um jemand bespitzeln zu lassen. Ich habe mich nie bedroht gefühlt. Jetzt wird das immer so dargestellt, als wären wir alle unterdrückte, leidende und hungernde Gefangene gewesen. Die DDR war kein Gefängnis. Den meisten, die ich kenne, ging es gut. Der Staat hat für uns gesorgt. Da war keiner ohne Arbeit. Die Kinder hatten einen Krippenplatz und gehörten zur Jugendgruppe. Da waren sie integriert. Ich kann es nicht mehr hören, was man jetzt vor allem im Westen für einen

Blödsinn über uns verbreitet. Das sind alles Propagandalügen. Je länger die Einheit zurückliegt, desto abenteuerlicher werden die Legenden, die man sich im Westen erzählt, um uns in Misskredit zu bringen. Zehn Jahre auf einen Trabi zu warten, zum Beispiel, oder dass wir nicht wissen, was eine Orange ist. Na und? Erstens stimmt das so gar nicht. Und dann, was ist denn dabei, dass man so einen Mistkarren, der nur stinkt und die Umwelt kaputt macht, nicht so mir nichts dir nichts bekommt? Und Orangen sollte man da essen, wo sie wachsen. Das ist meine Meinung. Die werden Tausende von Kilometern im Flugzeug transportiert, nur damit man sie bei uns essen kann. Was brauchen wir Orangen oder Ananas oder Bananen. Wir haben immer Erdbeeren und Himbeeren, Äpfel, Birnen, Kirschen, heimisches Gemüse und eigene Kartoffeln im Garten gehabt. Da fehlte es an nichts. Wir litten keine Not. Bei uns auf dem Land ging es den Menschen zu DDR Zeiten wesentlich besser als jetzt, auch wenn sie sich keinen BMW leisten konnten. Natürlich war bei uns technisch einiges nicht auf dem neuesten Stand. Unsere Straßen waren marode, und bei uns auf dem Land gab es allenfalls Schotterwege. Ich habe als Gleisbauer gearbeitet, und ich weiß natürlich, dass die Hightech-Züge aus dem Westen bei uns niemals fahren konnten. Aber wir kamen auch von A nach B, wenn wir das wollten. Wenn man telefonieren wollte, musste man zum einzigen Telefon im Dorf und sich vermitteln lassen. Aber was ist das schon für ein Problem? Heute hat jeder ein Handy in der Tasche aber noch lange keine Arbeit. Ich weiß nicht, ob ich das besser finden soll. Ein Handy haben wir früher auch nicht gebraucht. Seit wir annektiert worden sind – ich sage das ganz bewusst, denn das sind wir: annektiert worden – also seither fühlen wir uns als Menschen zweiter Klasse. Unsere Jugendlichen wandern entweder ab in den Westen oder zu den Rechten. Ich rege mich jedes Mal auf, wenn ich höre, dass bei uns alles Nazis sein sollen. Woher kommen die denn, bitte sehr? Nicht von hier. Die Neonazis haben einfach gesehen, was den Leuten fehlt, nämlich sozialer Anschluss! Und wenn es nur die Rechten sind, die das bieten, dann wandern die Kinder ab. Die wollen auch geachtet und nicht allein sein. Denn das sind sie von der DDR gewöhnt. Für mich hat der Westen diese Chance verpasst, der DDR ein Selbstwertgefühl und ihren Stolz zu lassen. Den hatten wir, als wir noch wer waren. Besser keine Bananen und kein Urlaub auf Mallorca, dafür aber eine Zukunft mit der Aussicht auf ein menschenwürdiges und geachtetes Leben. Das ist meine Ansicht. Mallorca und die sogenannte soziale Marktwirtschaft haben rein gar nichts mit Menschenwürde zu tun. Aber so wie man jetzt mit unserer Jugend umgeht, wird die Menschenwürde mit Füßen getreten. Vierzig Jahre gab es bei uns im Osten keine Arbeitslosigkeit. Jetzt haben die meisten keine Arbeit mehr, und Geld Geld Geld, das ist alles, was zählt. Dabei ist das Leben unbezahlbar geworden. Ich weiß, dass sich so mancher zurücksehnt, und ich kann es ihm nicht verdenken. Mir geht es genau so. Ich bin davon überzeugt, dass meine Franzi noch am Leben wäre, wenn es diese unsinnige Deutsche Einheit nicht gegeben hätte.

2

Wir hatten uns immer ein Kind gewünscht. Rosa, meine Frau noch mehr als ich. Mir war es nicht ganz so wichtig, aber gefreut hätte es mich schon auch. Woran es lag, dass es nie klappte, das wissen wir nicht. Es hat uns auch nicht interessiert. Es war wie es war, und wir konnten es nicht ändern. Wir sprachen wenig darüber. Ich war nie ein großer Redner, und auch Rosa war immer eine stille Person. Aber eines Tages rückte sie damit heraus, dass sie bei der Partei einen Antrag gestellt hätte.

»So«, sagte ich. »Für was?«

»Ein Kind!«

»Von der Partei?«

»Ja. – Zur Adoption! – Hast du was dagegen?«

»Nein.«

Das war der Anfang. Ich musste den Antrag unterschreiben. Und da ich stets linientreu war und als guter Bürger der DDR galt, versprach man, sich darum zu bemühen.

»Wir tun unser Bestes, Genosse!«, versicherte mir der Beamte.

Und er hielt Wort. Schon nach einer Woche fuhren wir nach Dresden, um die Tochter, die sie uns zugeteilt hatten, im Waisenhaus abzuholen. Die Wahl hätte nicht besser sein können. Wir mochten das kleine dünne Ding sofort, das uns so ernst mit diesen großen blauen Augen ansah. Ein Jahr war sie alt. Die Formalitäten waren rasch erledigt. Eine Unterschrift, das wars. Dann konnten wir sie mit nach Hause nehmen. Wir fragten nie, woher sie kam, wir dachten, wenn es wichtig wäre, dann würde man uns schon aufklären. Das einzige, was man uns erzählte, war, dass der Vater als Republikflüchtling an der Mauer erschossen wurde und die Mutter in Hohenschönhausen bei der Geburt oder kurz danach gestorben war. Sie war also eine richtige Waise. Wir konnten helfen und brauchten kein schlechtes Gewissen zu haben, oder zu befürchten, dass eines Tages die richtigen Eltern bei uns vor der Türe stehen könnten, um sie uns wieder wegzunehmen. Sie passte zu uns. Sie sprach nicht viel. Sie war ein braves Kind. Wir hatten nie das Gefühl, dass sie unglücklich war. Meine Frau und ich haben immer schwer gearbeitet. Das war normal. Franzi war in der Kita, und meistens hat meine Frau sie dort abgeholt. Wir hatten Hühner, Kaninchen und einen Gemüsegarten. Wir hatten alles, was wir zum Leben brauchten. Es ging uns gut in der DDR. Erst nachdem die Mauer gefallen war, ging es uns schlecht. Ich verlor meine Arbeit als Gleisbauer, und die Molkerei, in der Rosa vorher gearbeitet hatte, wurde von Müllermilch übernommen. Da wurde rationalisiert und sie und viele Kollegen einfach vor die Tür gesetzt. Vorher hatten wir immer Milch und Käse zugeteilt bekommen, und jetzt mussten wir das alles kaufen. Geld hatten wir nicht, aber Gott sei Dank wurde uns das Haus offiziell zugesprochen, weil es schon vor dem Krieg meinen Eltern gehört hatte. Rosa ist dann nach Dresden putzen gegangen, und ich habe nach langwierigen Versuchen endlich als Zusteller von Postwurfsendungen Arbeit bekommen. Das heißt, ich habe Zeitungen und Werbung ausgetragen – für wenig Geld. Es hat kaum gereicht, um das Nötigste zu bezahlen. Aber meine Frau ist erfinderisch. Aus alten Betttüchern und Vorhängen hat sie Kleider für Franzi genäht, und wie gesagt, an Lebensmitteln hat es uns nie gefehlt. Später, als die Molkerei geschlossen war, mussten wir die Milch bei einem Nachbarn kaufen, der eine Kuh hatte. Das war nicht so teuer wie im Geschäft. Manchmal haben wir mit ihm zusammen geschlachtet. Daran war die ganze Nachbarschaft beteiligt. Zu essen gab es also genug. Das größte Problem waren die Schulsachen, Hefte, Stifte, Füller und so weiter, was man halt so braucht und Schuhe, besonders für Franzi, da konnte man nicht viel improvisieren. Die musste man kaufen, da kam man nicht drum rum. Zum Glück hatte man die Nachbarschaft, die bei uns im Dorf noch ganz gut funktionierte. Da hatte man nie das Gefühl, so ganz alleine zu sein. Hier gab es auch nach der Wende noch so etwas wie Solidarität. Allerdings haben auch viele rüber gemacht in den Westen, und als es keine Kinder mehr im Dorf gab, wurde die Schule geschlossen. Franzi musste dann mit dem Rad ins nächste Dorf. Vieles geht mir jetzt durch den Kopf, jetzt, wo sie tot ist. Mein armes Mädchen! Sie war so glücklich mit ihrem Robert, dass es uns auch glücklich gemacht hat. Sie hatte immer so ein Leuchten in ihren Augen, seit sie ihn kannte. Man sah, dass sie sich liebten, und es war eine Freude, ihnen zuzusehen, wie sie miteinander umgingen. So selbstverständlich war alles. Sie waren eine Einheit, und es zerreißt mir die Seele, wenn ich daran denke, was ihnen widerfahren ist.

3

Ich wusste sofort, dass was Schlimmes passiert war, als sie mich anriefen. Sie wollten wissen, ob Franzi und Juli bei uns wären. Ja, ich ließ mir nichts anmerken, aber ich wusste es. Wir sind sie suchen gegangen. Ihr Auto hatte sie zuhause in der Garage gelassen und Ute gesagt, dass sie mit dem Kind im Tragetuch spazieren geht. Als sie mich am Abend anriefen, hätte man sie noch retten können. Ich hätte wissen müssen, dass sie nach Pillnitz gegangen ist. Ich kann gar nicht zählen, wie oft wir da zusammen waren. Schon als sie klein war, noch nicht in der Schule, wollte sie immer wieder dort hin. Sie wollte alles wissen. Wer dort gelebt hat, wie die Leute da gelebt haben, wie das Ganze zerstört wurde, wie es wieder aufgebaut wurde und vor allem, warum es so wieder aufgebaut wurde, so chinesisch. Auf der Treppe, die in die Elbe runter führt, da, genau da, wo sie gestorben ist, war ihr Lieblingsplatz. Da hat sie gern gesessen mit den Füßen im Wasser. Warum habe ich nichts gesagt. Ich hatte sofort die Elbe vor Augen, als sie mich anriefen. Ich hätte nur einen Ton sagen müssen, aber ich habe es nicht getan. Nur gedacht. Wie immer habe ich die Zähne nicht auseinander bekommen. Stattdessen dachte ich, dass es Quatsch wäre; warum die Pferde scheu machen? Sie hatte nämlich ihren Schlüssel und alles Wichtige zu Hause gelassen. Am Ende stehen sie in Pillnitz und Franzi steht daheim vor der Türe und kommt nicht rein, weil keiner da ist. Dann hatten alle schon die große Panik und völlig umsonst. Aber innen drin hat es rumort. Ich redete mir ein, dass nichts Schlimmes passiert wäre, sonst hätte man uns schon benachrichtigt, aber später, als es klar war, dachte ich, dass ich daran Schuld bin, weil ich es geahnt hatte, sogar den Ort kannte ich und habe nichts gesagt. Ich hätte mein Kind retten können, und ich habe es nicht getan. Ich sehe sie vor mir in dieser Situation und fühle mich elend. Sie wäre entschlossen gewesen, sagte Ute, sie hätte entspannt, beschwingt und erleichtert auf sie gewirkt. Auch das hätte mir zu denken geben müssen. Wenn Franzi so wirkte, dann stimmte was nicht mit ihr. Allerdings frage ich mich auch, ob wir dann etwas hätten unternehmen können. Dann wäre vielleicht herausgekommen, dass sie Geschwister sind, und sie hätte ihren Entschluss verschoben; aber aufgegeben hätte sie ihn nicht. So gut kenne ich sie. Nein, sie hatte den Entschluss gefasst, weil sie die Lösung darin sah. Meiner Meinung nach hätten sie so weiter leben sollen, wie zuvor. Sie hätten nur so tun müssen, als wäre gar nichts passiert. Erst gar nicht groß darüber reden. Sie hätten halt nur keine eigenen Kinder mehr in die Welt setzen müssen. Juli war krank, aber da müsste man schon einen enormen Verdacht haben, um den Defekt als Inzuchtschädigung zu erkennen. Auch ein behindertes Kind wird geliebt. Warum musste sie gleich so radikal sein? Wen wollte sie damit schützen? Es hat alle unglücklich gemacht. Meine Frau ist schwermütig seither, Robert ist danach fast abgedreht und musste eine Zeitlang in die Psychiatrie. Ich habe ihn nie mehr fröhlich gesehen, Ute macht sich kaputt mit ihren Schuldgefühlen, Ernst ist tot, und mir geht es auch nicht gut. Franzi und Juli sind für immer gegangen und kommen nie mehr zurück. Ich glaube nicht an ein Leben nach dem Tod. Ich glaube auch nicht an einen Gott. Sicher ist da eine Logik, eine gewaltige Energie, von der wir ein Teil sind, aber dass da ein Gedanke hinter stecken soll oder sogar ein Wille, das halte ich für Hirngespinste von Menschen, die Angst davor haben, nichts zu sein und die Angst vor dem Tod haben. Das ist ihr Gott, ihre Angst und alles, was sie nicht verstehen. Und je armseliger ihr Leben im Hier und Jetzt ist, desto mehr stürzen sie sich auf den Gedanken, dass es nach dem Tod ein besseres Leben für sie geben könnte, nein, sogar müsste, weil ja ihr Gott ein gerechter ist, und weil sie genau die Ungerechtigkeit in ihrem realen Leben sehen. Was habe ich von einem besseren Leben, wenn mein Körper verfault ist. Die Gedanken entstehen im Gehirn. Seele, das ist doch alles vom Gehirn aus gesteuert. Da braucht man sich nichts vorzumachen. Wenn das Gehirn fault, dann gibt es auch keine Seele mehr, weil kein Denken mehr möglich ist. Und wenn einer hirntod ist, wo hält sich dann die Seele auf? Ist sie noch da oder hat sie sich schon abgesetzt? Und wenn jemand dement wird, verabschiedet sich die Seele dann allmählich ganz langsam und beginnt ihr eigenes Leben zu leben, so wie ein Kind, das erwachsen wird und seine Eltern verlässt? Wenn man diese Gedanken genau durchdenkt, wird einem schnell bewusst, wie unsinnig es ist, der Seele ein Eigenleben ohne den Körper zuzusprechen. Wir Menschen können einfach nicht begreifen, dass wir nichts sind. Wir wollen es nicht begreifen, weil wir es uns nicht leisten können, uns und alles was wir tun als sinnlose Machenschaften zu akzeptieren. Ein Sinn liegt in allem und in nichts. Wenn die Katze eine Maus fängt, dann weil sie Hunger hat. Das macht Sinn. Aber wen kümmert es, wenn die Katze verhungert? Es ist, als wäre sie niemals da gewesen. Wenn die Erde vielleicht eines Tages in einem schwarzen Loch versinkt, dann ist es so wie mit der Katze; als wäre sie niemals da gewesen. Und wenn man überlegt, wie viele Millionen von Sonnensystemen es gibt, dann ist es schon fast peinlich, von der menschlichen Vormachtstellung zu sprechen. Wer sind wir denn, dass wir uns anmaßen, die Krone der Schöpfung zu sein. Durch Zufall sind wir hier, und durch Zufall sterben wir. Zack weg, als hätte es uns nie gegeben. Wir haben die Kinder verloren, und sie kommen nie mehr wieder. Ihre Körper sind verbrannt, und ihre Asche liegt in einer Urne beigesetzt in einem Grab. Ein Loch in der Erde, das wars. Aber es tut verdammt weh, sie verloren zu haben. Früher oder später werden wir alle sterben, und es wird so sein, als ob es uns alle niemals gegeben hätte, die Erde wird sich von uns erholen, und eines Tages wird es auch sie nicht mehr geben. Wer spricht dann noch von Gott?

4

Als Franzi klein war, hatte sie große Angst vor Gewittern. Wenn der Himmel sich verdunkelte, trat sie hinaus in den Garten, drehte sich im Kreis und hob die Arme in den Himmel. Wir sahen, dass sie etwas flüsterte. Und eines Tages hörten wir, was sie sagte:

Lieber Gott im Himmel, mach, dass kein Gewitter kommt. Lieber Gott, mach, dass die Wolken sich verziehen. Mach ein bisschen Regen, damit die Blumen und das Gras und alles andere nicht verdurstet, aber bitte mach kein Gewitter.«

Es war eine Beschwörungsformel, die mich erstaunte, und die mir natürlich nicht gefiel. Was für ein Blödsinn, welcher Gott, bitte sehr, sollte das sein, den sie ansprach und um gutes Wetter bat? Unser Einfluss war das ganz bestimmt nicht! Am Abend sprach ich sie an:

»Franzi, du hast den lieben Gott gebeten, kein Gewitter zu machen! Wo hast du das her?«

Sie antwortete nicht. Ich drängte nicht weiter in sie. Aber ich erklärte ihr nun, was für mich da draußen im All geschah.

»Da draußen sind Millionen von Sonnensystemen, und jedes einzelne hat Millionen von Sternen und Planeten, und zu einem dieser Sonnensysteme gehört unsere Erde. Sie ist ein winziges Planetchen von unzähligen. Meinst du denn, dass Gott die alle gemacht hat?«

Sie antwortete nicht, und ich fuhr fort:

»Niemand weiß, ob es da draußen Lebewesen gibt, aber es ist zu vermuten. Warum sollten wir die Einzigen sein? Wir wissen gar nichts. Aber eines weiß ich, da ist eine ungeheure Kraft, eine Energie, die Energie des Universums, die macht, was sie will …«

»Hat sie denn einen Willen?«, fragte sie. »Dann ist das vielleicht Gott!«

Ich seufzte. Darauf fiel mir nichts ein.

»Warum brauchen wir immer für alles einen Namen?«

»Damit wir es ansprechen können«, gab sie zur Antwort.

Auch darauf fiel mir nichts ein, was ich ihr hätte sagen können. Aber als sich ein anderes Mal ein Gewitter anzukündigen schien, hörten wir sie flehen:

»Bitte, liebes Universum, bitte liebe, große Kraft, mach kein Gewitter, mach Regen, aber kein Gewitter.«

So war sie. Ihre stille, bescheidene Art konnte uns zu Tränen rühren. Wir ließen es uns nie anmerken. Aber wenn ich je einen Menschen bewusst geliebt habe, dann sie; außer meiner Rosa natürlich, und der ging es ganz genau so wie mir. Franzi war keine besonders gute Schülerin, sie drängte sich nie vor, war nie vorlaut. Aber sie war alles andere als dumm. Die Welt fällt immer auf Blender herein. Ihre Lehrer waren da nicht anders.

»Sie beteiligt sich nicht am Unterricht«, hieß es immer. »Sie zeigt an nichts Interesse.«

Was wirklich in ihr steckte, das hat nie jemand von denen erkannt. Die Lehrer gaben ihr schlechte Noten, obwohl sie schriftlich gar nicht mal so schlecht war. Sie war halt langsam. Manchmal hatte man das Gefühl, sie ginge im Schlaf. Ja, so war es, sie bewegte sich wie eine Schlafwandlerin. Aber wenn sie einen ansah, dann mit einem so großen, klaren Blick, dass man fast erschrecken konnte, weil man sich durchschaut fühlte. Aber sie sprach nichts. Woher sollte sie auch gelernt haben, viel zu reden. Wir, meine Rosa und ich waren nie sehr gesprächig. Wenn wir am Abend von der Arbeit kamen, waren wir hundemüde, um vier Uhr aufstehen, Tag für Tag, das macht auch nicht gerade Lust darauf, sich großartig zu unterhalten. Wir mussten um viertel nach Fünf schon in Dresden sein, da hieß es früh aus den Federn, ob man wollte oder nicht. Da muss man sich nicht wundern, wenn einer die Zähne nicht auseinander kriegt. Wir konnten noch froh sein, dass wir überhaupt eine Arbeit hatten. Wir waren nie Freunde großer Worte und sie auch nicht. Sie lebte in ihrer eigenen Welt, in der sie oft versank. Da war immer was in ihr, an das wir nicht ran kamen, etwas Tiefes, Schweres, eine Melancholie. Aber sie war nicht unglücklich damit, und wir, wir akzeptierten das.

Sie hatte auch kaum Freunde und Freundinnen, sie war an nichts interessiert, was den anderen gefiel. Aber innen drin hatte sie eine reiche ernste und auch schöne Welt, wie ihre Tagebücher und ihre Gedichte nach ihrem Tod zeigten. Für uns war es ein großes Glück, sie gekannt zu haben und zugleich ein großes Unglück, weil wir sie so fürchterlich vermissen.

5

Als Julian geboren wurde, waren sie schon verheiratet. Ich frage mich, warum um alles in der Welt man keine Untersuchungen gemacht hat. Er war adoptiert, ausgesetzt, und sie war adoptiert. Da hätte man doch wenigstens einen Gen-Test machen müssen, spätestens bei der Hochzeit, oder bei der Geburt von Julian. Bei der Geschichte in der DDR kann so etwas doch sehr viel öfter vorgekommen sein. Wenn Geschwister nicht miteinander aufgewachsen sind, dann kann es leicht passieren, dass sie sich ineinander verlieben. Gerade dann, weil etwas Verwandtes im Anderen ist, etwas, was man an sich selbst kennt und worin man sich spiegeln kann. Man spürt, dass man zusammen gehört. Ich habe kürzlich von einem Fall gelesen, der zwar ein bisschen anders verlaufen ist, aber es gibt da Parallelen. Der junge Mann, von dem ich gelesen habe, wurde ins Gefängnis gesteckt, weil er seine Schwester liebte. Sie haben sich kennengelernt, als sie schon erwachsen waren. Sie hat lange im Kinderheim gelebt und ist dann wieder zu ihrer Mutter zurückgekommen, und er war adoptiert. Genau weiß ich es nicht mehr. Er hat seine richtige Mutter gesucht und dabei auch seine Schwester gefunden. Die beiden konnten nicht voneinander lassen. Wenn ich daran denke, wie verliebt Franzi und Robert waren, dann kann ich mir das sehr gut vorstellen. Es ist halt Liebe. Punkt. Das kann man einfach nicht unterbinden. Die beiden haben, glaube ich, vier Kinder in die Welt gesetzt, wovon zwei behindert sind. Das hätten sie natürlich nicht machen dürfen.

Aber was der Staat macht, ist unmöglich. Der Mann im Knast, die Kinder im Heim oder bei Pflegefamilien, und die junge Frau weint sich die Augen aus dem Kopf. Ihre einzige Sünde war die Liebe. Der Mann hat sich sterilisieren lassen, damit sie keine Kinder mehr von ihm bekommt und geklagt, weil er mit ihr und seinen Kleinen zusammenbleiben wollte. Aber es hat ihm nichts genützt. Sie haben die Klage abgewiesen, obwohl der Richter großes Mitleid mit den beiden hatte und dafür plädierte, der Klage nachzugeben. Ich finde, in dem Fall hätten sie eine Ausnahme machen sollen. Man muss ja nicht gleich das ganze Gesetz ändern. Was geht den Staat das Privatleben seiner Bürger an. Ich hätte ihnen auch die Kinder gelassen; bei ihren Eltern hätten sie es allemal besser. Der Mann war zu 22 Monaten verurteilt gewesen und hatte schon fünf davon abgesessen. Ich habe diese Geschichte im Fokus gelesen und finde sie absurd.

»Der sächsische Justizminister Geert Mackenroth (CDU) wies ein Gnadengesuch des 31-Jährigen ab, wie sein Anwalt am Freitag sagte. Das Justizministerium in Dresden lehnte eine Stellungnahme zu dem Fall mit Verweis auf rechtliche Vorschriften ab. Der vierfache Vater muss eine Reststrafe von 17 Monaten absitzen«, stand da zu lesen.

Und ich dachte, was das für ein Schwachsinn ist. Was ändert dieser Gefängnisaufenthalt? Wahrscheinlich wird er noch von den anderen Gefangenen fertig gemacht. Ich habe ein Bild von dem blassen jungen Mann in der Zeitung gesehen und kann mir gut vorstellen, dass es ihm in der Haft dreckig geht. Natürlich ist die Sache noch ein bisschen anders als bei Franzi und Robert, die schon verheiratet und Eltern waren, bevor sie erfuhren, dass sie Geschwister sind. Gleich vier Kinder in die Welt zu setzen, wenn man weiß, dass die behindert werden können, ist schon verantwortungslos. Aber die Rechtssprechung ist noch verantwortungsloser. Und dieser Justizminister ist das letzte. Er hätte doch keinen Mörder begnadigt, sondern einen Mann, der seine Schwester liebt. Übrigens gibt es viele Länder – auch in Europa – wo Inzest nicht verboten ist. Man darf nur nicht heiraten und Kinder in die Welt setzen. Ich würde den beiden raten, auszuwandern, ihre Kinder zu entführen und auszuwandern. Falsche Papiere besorgen und dann woanders leben, wo sie glücklich sein und wie eine richtige Familie zusammenleben können. Gegen die Liebe richtet man nichts aus. Auch dann nicht, wenn sie per Gesetz als Verbrechen deklariert wird. Je nachdem, wie die Gesetze sind, ist man kriminell oder nicht. Wenn ich mir vorstelle, dass früher Homosexualität unter Strafe stand und heute nicht, dann kann ich das ganze Rechtssystem nicht mehr ernst nehmen. Wofür man gestern verurteilt wurde, kann man heute frei ausleben. In dem einen Land ist man ein Verbrecher und im anderen nicht. Also, was kriminell ist, das legt der Staat fest, und so mancher Staat hat noch die Todesstrafe. Da ist das Morden dann staatlich verfügt. Und wenn man Bomben auf Waffenlager abwerfen lässt und dabei eine Schule voll mit Kindern trifft, dann sind das Kollateralschäden, und der Mensch, der das verfügt hat, verliert keinen Deut von seiner Ehre.

6

Nun ist schon mehr als ein Jahr vergangen, seit das alles passiert ist. Robert versucht wieder auf die Beine zu kommen, und seine Ex hilft ihm dabei. Ich glaube, sie hängt immer noch an ihm. Vielleicht schafft sie es ja, dass er zu ihr zurückkommt. Mich würde es freuen. Es war ja nicht mit anzusehen, wie der Junge litt. Bei der Beerdigung von seinem Vater ist er schon fast wieder normal gewesen. Es war ein Schock für ihn gewesen, auch ihn zu verlieren, aber irgendwie hat der ihn wieder zurückgeholt zu sich selbst. Ernst war ein netter Kerl gewesen und ein sehr guter Arzt. Er war ein sehr guter Chirurg, aber er hatte immer erst Naturheilmethoden oder homöopathische Mittel benutzt, bevor er zu härteren Drogen überging. Meistens waren die dann nicht mehr nötig. Er hat zum Beispiel Rosa von ihrer Gürtelrose befreit, wo die Ärzte bei uns nicht mehr weiter wussten. Weiß Gott, woher er alle die Kräuter kannte, und wusste, sie anzuwenden. Gelernt ist halt gelernt. Die anderen Ärzte hielten das immer für Quatsch, und ich habe früher auch nicht viel davon gehalten; aber seit der Sache mit der Rosa bin ich davon überzeugt. Ernst sagte, gegen jede Krankheit wäre ein Kraut gewachsen, man müsste nur wissen, welches und in welcher Form und Dosierung. Damals bei der Gürtelrose, da musste Rosa einen starken Tee kochen und die verschiedenen Kräuter punktgenau abwiegen. Dann den Teesatz in ein Tuch streichen und das dann heiß auf den Ausschlag geben. Den abgegossenen Tee hat sie ein paar Tage ins Badewasser gegeben, dann kam der heiße Wickel, und Rosa hat geschlafen, als wäre es das letzte Mal. Manchmal hatte ich richtig Angst, dass sie nicht mehr aufwacht. Morgens, Mittags und Abends musste sie kleine Kügelchen schlucken, und zwar im täglichen Wechsel. Nach einer Woche war sie gesund und sah so erholt aus, als hätte sie sechs Wochen Urlaub mit Kur hinter sich. Ernst fehlt den Patienten. Sie kommen immer noch und fragen Ute, ob sie keinen weiß, der so arbeitet wie er. Ute kennt zwar Homöopathen, aber einen so guten Arzt zu finden ist nicht leicht. Manchmal, als Ernst noch praktizierte, standen die Leute schon morgens um sieben Schlange vor dem Haus und warteten darauf, dass die Türe aufgeht. Dann strömten sie hinein und warteten geduldig, manchmal Stunden; Ernst hat sich nämlich viel Zeit für den Einzelnen genommen. Nicht wie viele andere Ärzte, die im Hopplahopp-Verfahren die Leute abfertigen, dass man förmlich die Kasse klingeln hört, wenn man als Patient vor ihnen sitzt. Manchmal kamen die Leute von weither, weil Ernst einen guten Ruf hatte, und ich glaube, er war der einzige Homöopath, bei dem die Kassen alles zahlten. Jetzt, wo er tot ist, weiß man erst so richtig zu schätzen, was er wert war. Vielleicht wird ja Robert eines Tages in seine Fußstapfen treten. Vielleicht kommt er ja wieder mit Jenny zusammen, dann wird für die beiden alles wieder gut. Aber meine Franzi wird nie mehr zurückkommen. Ich dachte immer, dass sie das große Los gezogen hätte, als ich Robert näher kennenlernte. So ein netter Kerl, so eine nette Familie. Das mit dem Geld war gar nicht wichtig, aber bei denen war immer alles so harmonisch. Alle waren freundlich, und dass sie Geld hatten und ein schönes Haus direkt an der Havel, das war zumindest kein Manko. Wir verstanden uns gut. Und man konnte sehen, wie unsere ernste, stille Franzi immer glücklicher wurde. Sie hatte es immer gut bei uns, aber das mit Robert schien perfekt zu sein. Mein Gott, wie ähnlich sich die beiden waren, besonders vom Aussehen her. Jetzt wissen wir, dass es kein Wunder war, aber damals hatten wir noch nicht die geringste Ahnung. Wir, Rosa und ich sahen uns bereits in unserem Garten sitzen und auf die Jungen warten, die uns mit ihrer Kinderschar am Sonntag besuchen kämen. Vielleicht werden Robert und Jenny eines Tages wieder zusammenkommen, vielleicht sogar heiraten und Kinder in die Welt setzen, dann wird Ute Großmutter, und ich gönne es ihr von Herzen. Sie hatte schwer abgebaut als Ernst krank wurde, und bei der Beerdigung hätte ich sie fast nicht wieder erkannt. Aber jetzt geht es ihr wieder besser. Elisabeth scheint ihr eine große Hilfe zu sein, vor allem seit sie im Havelhaus zusammen leben. Von ihr wissen wir einiges über Franzis Mutter. Sie muss viel Ähnlichkeit mit ihrer Tochter gehabt haben, und oft denke ich, dass wir alle zusammen gehörten. Sie war mit uns verbunden, durch das Kind, das wir an ihrer Stelle aufzogen. Es ist traurig, was die Politik mit den Menschen macht. Ohne Rücksicht auf die Menschen, die ihnen anvertraut sind, denen sie dienen sollten trampeln die Politiker mit ihren Machtinteressen auf ihnen, ihren Gefühlen herum und gehen dabei über Leichen. Die im Kapitalismus genauso wie die im Sozialismus; und es wird noch eine Weile dauern, bis sich das geändert hat. Ich werde es nicht mehr erleben. Ich habe noch meine Rosa, um die ich mich kümmern muss, weil sie unter schweren Depressionen leidet. Sie ist jetzt wie ein Kind für mich, das allerdings viel weint. Ich tröste sie, aber meine Franzi und ihr Kleines werden nie mehr zurückkommen. Damit werden wir leben müssen – bis wir nicht mehr leben.